運用菜市場大媽都懂的常識法則，
掌握投資竅門，國文老師身家暴漲五千萬！

我用菜市場理財法，從月光族變富媽媽

李雅雯（十方）——著

目錄

第6章 再戰股市：用市場做生意的角度選股票

第9章 理財沒有僥倖，唯有看透大局

作者序

這本書裡，沒有新鮮的東西。

事實上，所有具價值的思想都不是新的，即使愛因斯坦對世界的理解，一樣能追溯到希臘科學家的觀點。

真理只有一個，我們為真理打蠟，重複論證，貢獻自己的風格和個性，並且用清晰、親切、簡潔、吸引人的方式表達出來，這是溝通者的貢獻。

哲學家維根斯坦說：「一切可說的，都可以說清楚。」我不會使用行話（跳窗）或術語（連續型態、反轉排列）攻擊你。我期待你讀、你理解。

十一年前，我的家裡發生一場大火，所有能稱為「回憶」的東西，在那場大火裡燃燒殆盡。

那是一個異常晴朗、空氣乾燥的日子。火苗蔓延，一路越過幾個鐵皮屋頂，最後炸成一團火球，火焰越衝越高。

那一天，我剛生產完，全身虛脫，傷口還在流血。電視台現場直播火場，就在正中午，陽光正烈的時候。我仰頭看著螢幕，腦子裡一片空白。

那場火改變了我的目標，從那一天起，我決心變富，決心不再為錢恐懼，我拚命學習。我不懂會計、不會看財務報表；我看不懂股票線圖、不會算複利；我任性、我散漫、我楞頭楞腦……但是我有決心。我有決心，我不認輸，我不放棄。

十一年後，我的資產超過五千萬元，介於五千萬~一億元。經歷這麼大的轉折，我心懷感激。

這些年來，洪瑞泰老師、楊幹雄醫生、巴菲特班同學們、易騰、我的先生與孩子們，圍繞在我身邊，給我鼓勵。

是他們告訴我，我的故事，要說出來，能幫到人，能有意義。

於是我在這裡，在你的掌心上，讓我向你訴說我的故事，邀你跟我一起經歷。

開始寫這本書之前，我已經出版好幾本小說。作為一個作家，我擅長在腦中重現回憶。

一切都是真的，一切都發生過。為了重現那段經驗，我承受巨大的精神壓力。

好幾次，我動念想放棄。好幾次，我靠編輯的話：「我們能幫多少人，是多少人喔！」鼓勵自己，深吸一口氣。

最後，我要謝謝采實的編輯團隊。她們任勞任怨、細心穩重，若不是她們永不放棄、負重前行，這個禮物絕無法送出去。

謝謝編輯們，謝謝這段經歷，謝謝在看書的你。

第 1 章

一場火災，改變了我的金錢信念

那一天直到結束，我還是沒有哭。
我對自己說，我要賺到即使火災多燒個幾次都不怕的程度。
我就是這樣踏上了，屬於我的致富之路。

產台上的噩耗

我朝產台走去，驚慌地朝手術室掃了一眼。這裡好窄。產台上，不鏽鋼床板的金屬皮裸露著，頂燈一照，像隻白內障眼球。

我在台前站了一會，汗水流進了眼睛，刺得難受。護士伸出手，扶著我緩緩躺下來。一陣嗡嗡聲響起，有點像冰箱震動的聲音。

這是第一胎。我發抖着深吸一口氣，渾身發冷。

護士跪在我身邊悄聲問：「小姐，妳還好嗎？」她眼鏡上的霧氣，像汗蒙上的。

「痛……」我剛一開口，手術燈「啪」的全扭開了。我身體一縮，嘴裡嘶了一聲。

「撐住，小姐，」護士說，「就快生了。」

醫生朝我彎下腰，然後抬起頭，一口氣說完該說的話：

「小姐，現在開始，我叫妳推，妳就推，瞭解了嗎？還有什麼問題嗎？」

我企圖說點什麼，但這時候，除了嘻嘻、呵呵的氣音外，什麼話都說不出來。

「來，用力。」他朝著我說。

「再用力！」醫生說。

我身子一挺，緊緊抓住扶手頂端，胸口一縮一漲，眼珠發漲，氣喘吁吁。

「嗶——嗶——」儀器聲失去了規律，「嗶——嗶——」要不是躺在產台上，我肯定會跳起來。

醫生抬起眼睛，朝檢測器螢幕看去，「不妙啊……」他朝著氣喘吁吁的我說，「再來！」

「小姐，妳知道怎麼用力嗎？妳必須馬上把小孩推出來。妳再不推出來，小孩會有危險的。」護士說。

「危險？」我看著護士，她也朝我瞪圓了雙眼。我朝著橫在眼前的膝蓋用力，還來不及推送，護士一把抓住我的胳膊。她抓得好緊，我嚇了一跳。「沒時間了，」她低聲說：「來不及了。」

「麻醉！」醫生喊起來！

護士邊說邊往我手臂綁上一條橡皮帶並扣好。

「不要動！妳不要動！」

護士把針管從檯面上取下來，斜斜插進我的手臂，我震了一下。

頭頂的燈光比剛剛更亮了，我尖叫、抽搐著，我左右猛烈晃動著。我的鼻孔像牛一樣張開，鼻涕從鼻孔裡迸出來。我的背部痙攣著，一下弓起，一下展開，雙腳在床上踢蹬著，艱難地吸氣，呼氣，再吸氣，再呼氣。

接著，我聽到一聲巨大的「嗶——」，腦中一空，再無任何記憶。

醒來時沒有聲音，窗外天氣晴朗。睡意消失了。我完全清醒。

我的目光從窗外移開，掃了病房牆面一眼。「沒人？」我嘟噥著，感到奇怪。

看到寶寶的時候，我皺起眉頭。

她向上望著我，細髮中很奇特地混著一絲絲乳白色的胎衣。有人把她的髮髮往後梳，露出白淨的高額頭，一雙小手緊緊攢成拳頭，放在臉頰邊，眼睛瞇成了白白的一條線。

我用鼻尖緊貼在她臉頰，聞著她身上的奶香味，很甜。

我輕輕翻了個身，猜自己睡了一會——大概兩三個小時？我嘆口氣，身子突然癱倒在床頭上，渾身肌肉散開來似的。

結束了，真的。撐過去了，了不起。

窗邊的置物櫃上，突然電話鈴聲大作。我愣了一下。寶寶的臉皺了起來，背部一弓，雙腳在床上踢蹬著。沒有哭，太好了。

電話鈴響第二聲時，我掀起棉被，穿過病房中央冰涼的過道。鈴響第三聲，我已經到了窗口。我一扯點滴架，架子咔嗒咔嗒滑動。一股氣流撲過來，把手術服拍得噗噗作響。

桌上的電話響了第四聲、第五聲，我抓起了話筒。

話筒那邊一陣沉默，不知該不該繼續通話時，對方傳來一聲「喂」，聲音雖然模糊不清，但我聽得出是誰，一個字就夠了。

「喂？老公？」他的聲音讓我吃驚，聽起來飄忽而粗糙，像是從遙遠他方傳來的。

「妳冷靜點。」

「冷靜？為什麼要冷靜？」

電話裡一陣沉默，然後他說：「妳家出事了。」

「出事？」我把話筒緊貼著耳朵，嘴湊到話筒邊問道：「出什麼事？哈囉？」我稍稍放低了聲音，好像我在自言自語。

「妳家失火，」他說道，「燒起來了。」

接下來的漫長停頓，讓我以為電話已經斷線，幸虧還聽得見老公的呼吸聲。他再次開口，聲音低了許多，「我在現場，火勢很大、很嚴重。」

很嚴重？這是個模糊的字眼，到底有多嚴重？

「別擔心，我只是先讓妳有心理準備。新聞記者來了，消防隊也來了，現在水管進不來，巷子太窄……」又是一陣停頓，然後，他低聲說了句話，聽起來像是「不要怕」。

「什麼不怕？喂？」我皺起眉頭。護士這時候來到病房門口，站在那裡，推著一輛不鏽鋼車，看著我。

「不要擔心，」他的聲音幾乎沙啞了，「我會陪妳媽。妳剛生完，好好休息。」

「喔。」我還是不明白他的意思，但也不打算繼續追問。我掛上電話，看看護士。

「小姐，發生什麼事？」她問。

「我家失火。」我複述了剛才的對話，省略「很嚴重」和「火很大」這些字眼。最後採用了我先生的話：冷靜。護士難過地搖搖頭，然後湊近來看我。

「狀況怎麼樣？」

我是絕不會哭的，我剛生產完，身體還在流血。我只是對她說，我也不知道，至少現在不知道。

「妳還好吧？」她說。

「還好。」我重複說著，一隻手拿著電視遙控器，心不在焉地摸著，心噗噗亂跳。

「要我陪妳嗎？」她問，「再問問狀況？」

我點點頭，「我先生說有記者，我看一下……」

「轉播？」

「可能有。」我說。

一貧如洗的惶恐襲來

打開電視。螢幕裡傳來一聲叫喊，不像人的聲音，有點像呻吟。「著火了！」螢幕上有人叫喊著，非常淒厲。

我站在原地，一手拿著遙控器，一手握住點滴架，嘴巴張得大大的。

從某個地方——聽起來像是大樓高處，傳來劈啪聲。螢幕跑馬燈不斷重複著：

台中市民宅大火，火勢蔓延，死傷無法估計。

螢幕上有人摔倒了，拖鞋霹啪一響，他跌回人行道，踉踉蹌蹌跪倒在地上。在他的身後，傳來爆炸時尖利的噪音，到處是人的驚叫，又是爆炸聲，愈來愈響，響徹雲霄。

「這是怎麼了？」護士驚叫著，聲音出奇的高。

「我不知道，」我說。心臟砰砰地跳。

螢幕裡，火球愈燒愈高，其中一團火跳過防火巷，越過幾個鐵皮屋頂，炸成一團火苗。另一團火在原地悶燒，屋頂已扭曲成一團廢鐵，門柱歪斜，最後炸成一團火球，火焰愈衝愈高。

生產的粗糙傷口原本已經有點粘合，但我一動又把它扯開，血流了出來。

我看不清楚是否有人困在屋裡。現場還在灑水，白煙不斷蒸騰而出，從消防車傳來的嗚噫聲判斷，情況並不樂觀。我朝著門口衝去，但還沒來得及開口，護士就一把抓住我。

「妳要做什麼？」她低聲說道：「冷靜，現在不能去，留在這裡。」冷靜？我往病床一倒，腦子裡一片空白。

從那一天起，我才明白，人受到驚嚇的時候是不會崩潰的，只會腦中一片空白。

那瞬間，我閃過一個畫面，看到自己從教務處走出來，手上拿著休學文件。我的博士學位要中斷了，父母可能需要我的幫助。

摸摸孩子的手，我全身虛脫。

這是一場電線走火意外，我家加蓋的鐵皮屋裝了一台舊冷氣，冷氣電線走火，隔間都是木板，火勢非常猛烈，波及隔壁兩間房屋，大概過了一兩個小時，燒得乾乾淨淨。

二〇〇四年，我隨著先生工作調派，移居上海，當時把一生中所有文件、照片，通通留在裡面。

事情發生時，我正好回台生產，那時我的身體不斷流血，電視上卻直播頂樓大火新聞，人生中能作為回憶的東西，那天都燒光了。

我沒有錢，一毛也沒有。老公背了家人近兩百萬元卡債，工作幾年下來，我們存下來的一點積蓄，早就消耗殆盡。

新聞報導，「目前還不知道有沒有死傷。」火點是從我家燃起的，我們一定要負起責任。娘家僅有的一點存款，不知道夠不夠賠？我心裡也很清楚，那種老房子不會有保險，我的生活不知道會有什麼改變。

我低下頭，膝蓋下面的皮膚早已黃褐參半，青筋歪歪斜斜。腳背上有一塊血痂，血痂靠近踝骨的地方已經開裂。那個當下，我覺得自己一貧如洗，掉入深淵。

菜市場長大、數學笨蛋的我一定要致富

從小，我沒什麼夢想。我沒有壓力——一般人會有的壓力——聰明、專業、上流、第一名……沒有。

我是笨蛋，從小就是。

有次導師求我：

「五十，拜託。」她伸手環住我的左肩。「試一下，拿一半的分數就好，嗯？」我捏著

考卷，頭髮幾乎披到了肩膀，一隻袖子鬆開垂了下來，沉默了幾秒鐘。

「五十？」我說，同時想起數學老師跟我說：「同學，妳創新低了。」忍不住笑了起來。

我知道自己不會一帆風順——我不聰明，長得不好看、家裡沒有人讀過大學……但是眼前一切實在令人沮喪：意外的火災、零存款、即將到來的求償與負債、鬆弛浮腫、往外翻的肚臍。

難道，我不值得過得好了？難道，我債一直還不完了？難道，我沒那個命？憑什麼？這麼不公平？我有些惱火，「憑什麼！」

從小，我在菜市場裡長大。這是一個用現金交換東西的地方——蔬菜、豬肉、魚、水果——黑糊糊的紙鈔皺成一團，在黏滑的手間遞來遞去。攤商進貨、銷貨、庫存、清點、資本再投資……這是一個離「錢」最近的地方，這裡滿是「交易」。

我小時候，常在棉被上看到老鼠。

牠們輕輕跳上棉被，把前爪搭在空中，直起了身子，抽抽鼻子，然後咬破枕套，扯動棉花團，用細細的爪子刮動木板，發出擦擦的聲音。

那是大錢鼠，牠們生活在菜市場裡，性格強悍，即使深夜爬上我的被子，把我驚醒，牠們也敢直接對視，高高地舉起尾巴，像在朝我敬禮。

錢鼠悍，我也悍。生活在菜市場裡，我無所畏懼。

七歲那年，我把鳳梨切片，用塑膠袋包起來，抬高一成價格，蹲在路邊把東西賣出去。

九歲那年，我批發「戳戳樂」，當起莊家，賺光小朋友的零用金。

十一歲，我站在小凳子上，捲起袖子，幫開美容院的媽媽的忙，在油膩膩的頭皮上打泡泡，替幾百個女人洗頭。

我懂錢，也賺過錢，我不會讓積欠卡債的家人擊倒，不會讓火災擊倒，不會讓考不過五十分的自己擊倒，我不認輸。

那天晚上，我躺了一會，積聚力量，然後坐了起來。

想到下午發生的事，我突然發現，從推進手術室以來，已經三天三夜沒有睡覺。

一個小時前，老公回到醫院。他站在病床前，用手掌擦擦眼淚，雙眼通紅，像被擦傷了似的。

「不要擔心，」他的語調低沉粗重，「有我在。」

我像挨了雷擊似的，長久無語，最後他打破沉默，「我們還年輕，會有辦法的。」

我愣了一下，默不作聲。他等著看我如何反應。我知道，如果把嘴邊的話說出來，一切都會發生變化，我們已經到了絕望的地步。只是對我來說，事實已經擺在眼前。

「我不要。」我開口說起話來。

「不要什麼？」他問。

「……」我一時無語。

那一天，我沒有哭。到了晚上，還是沒有。孩子躺在旁邊，眼睛朝上，手腳揮來揮去。握著孩子的手，我突然知道自己不要什麼了。「我不要這個結果。」我告訴自己，「我要賺錢。」我跟自己說，我就不信，賺不回來。我要賺到，多燒幾次都不怕的程度。

我要致富。

我就是這樣踏上了，屬於我的，致富之路。

理財信念

那場大火發生在二〇〇六年四月，那天之後，家人進進出出、心事重重。我滿心焦慮，悶悶不樂。熬了幾天——感覺有幾個月那麼久——朋友帶著一堆漫畫、雜誌和書給我。

那天，我兩手叉腰地站在床前，低頭看著這堆書，一個字一個字地讀出書名……就是這個時候，我看見這本書：

《35歲開始，不再為錢工作》柏賓．薛佛著

我看了看封面上的書名，然後又翻到背後，掃了一眼簡介：

你對金錢的信念，決定你的未來

因為邁向財富的道路，必須從改變自己開始。

任何信念都可以在三十分鐘內改變，三十五歲以前變成「有錢人」絕對不是夢想。

——三十分鐘、三十五歲、有錢人？太好了。我幾乎可以看見自己拿著水晶酒杯，躺在沙灘上，瞇著眼睛，聽樂隊奏起〈卡薩布蘭卡〉。香檳酒的瓶塞在砰砰開起，風徐徐吹來，海面清晰又閃亮。

我翻開第一頁，匆匆瀏覽目錄，默記著幾個要點。

你真正想要什麼？

你對金錢的真正看法是什麼？

如何增加收入？

經濟保障、經濟安全、經濟自由

播種金錢

有的字句被劃上紅線，旁邊潦草地寫下筆記。責任、負擔、債務（旁邊還畫了$），應該是之前的讀者留下的。我一邊微笑，一邊翻過這一頁。接著，我看到一張書籤，米白色的卡片非常簡潔，只印了兩個字：

信念

信念？我皺起眉頭，什麼信念？我把書籤放回原處，再翻到下一頁——它被折了起來，下面歪歪斜斜地有一句紅色手寫字：

如果你無法改變自己對金錢的信念，任何書對你都沒用。

「沒用？」我摩挲著頁面壓痕，把紙拉平。

開什麼玩笑，不可以。我可不想白費力氣。「信念？」我自問自答。「什麼意思？」我坐到地板上，滿臉是汗，上衣緊緊貼在身上，閉上了眼睛。

在我修教育心理學的時候，讀過一篇「猴子信念」論文。在論文裡，心理學家做了一個實驗。他們把猴子關進籠子，頂部掛上一串香蕉。只要有猴子伸手一抓香蕉，籠子馬上通電，把所有猴子電得吱吱大叫。

觸電了幾次，猴子學乖了。他們再也不會伸手去拿香蕉，就連不知情的新猴子伸手，都會被其他猴子拉下去。

實驗最後，即使研究者再也不對籠子通電，根據過去的經驗，再也沒有猴子拿香蕉了。

這實驗叫「猴子信念」。這裡的信念，代表你對某個東西有一種印象，牢記不忘。過了許多年，你對所有跟這東西有關的事情，都從這個印象聯想，確信不疑。

那個時候，我跟同學常拿「猴子信念」開玩笑，對理所當然的想法、觀點，我們管它叫「monkey idea」，或者簡稱「monkey」。大家推推鬧鬧，稱「不假思索」的同學，犯了「猴子病」。原來如此，猴子信念啊，我心裡想。這句話在我腦海裡重複著，就像咒語一樣。信念，就是「過去的印象」、「過去的經驗」和「感覺」……嗎？

我看著書頁邊緣有著「你是如何被影響的」五個字，隔著幾行，印著「如何改變自己的信條」九個大字。我敲著頁面，陷入沉思——對於錢，我有什麼信念嗎？我曾經記得什麼？又相信什麼呢？我意識到自己拿起了筆，用力寫下兩個字：

認命。

母親教我窮人得認命

媽媽從小就跟我說，我是工人的孩子。工人的孩子窮，窮，就得認命。

九歲那年，我迷上有活動機關的立體書。有一天晚上，看完電視連續劇《一代女皇》，我指著桌上的廣告紙，跟媽媽說，要是我能買這套立體書，那就太讚了。

「哪來的錢？」她說，「妳以為我洗一顆頭賺多少錢？」

買不了立體書，那天入睡前，我有點沮喪。我沒有和媽媽爭執，因為我知道，那只會帶來更多的抱怨。

媽媽的怨念不是沒有道理——她十三歲就輟學工作，賺的每分錢都拿回家裡。一直以來，哪個兄弟姐妹生病、缺錢、投資、賣保險，她幫忙到底。

有義氣又勤勞的媽媽，婚後並沒有交上好運。結婚後，沒有固定工作的啞巴叔叔、嬸嬸、堂姐、堂妹，奶奶，都跟她伸手要生活費。

媽媽賺得很快，花得也很快；錢從左手進、又往右手出，她對錢感到意興闌珊。為了紓解壓力，她只能亂買東西發洩，讓自己得到些許慰藉。媽媽工作二十幾年，最終沒存住錢。小的時候，每當我提出一項要求，哪怕只是買一張紙娃娃，「妳以為錢好賺啊？」始終是媽媽的回答。她哀怨又憤怒，彷彿命運跟自己作對。

有一天，陪媽媽買完東西回家，我不死心地遊說著：「我真的不能買嗎？真的不能？」

「還不死心！」

這時已走到家裡附近的路口。話一出口，我就後悔了，不該捅馬蜂窩。但太遲了，媽媽一旦開始抱怨，誰也別想讓她停下來。

「妳是工人的孩子，懂嗎？工人！妳爸把妳叔叔丟給我，我還要付他孩子的學費。我要養兩個家，總共五個小孩！妳爸爸缺錢，就來跟我要，要不到就翻東西，我生意還要不要做？現在連妳也跟著要？」我看見她掀起了牙床，像生氣的狒狒朝我疵牙咧嘴。

這些話我不知聽過多少遍。今天，媽媽又多說一句：「腳踏實地！」我們已經走到門口，「不要跟人家比！妳比什麼呢？」

我哪有比呢？我很想追問，但再問下去，媽媽又要教訓我了。我突然想到，也許我對新圖畫書的要求，讓她心煩意亂。

我們到家了。「妳爸這個笨蛋，」媽媽說，「沒錢還一直給，給到自己沒房、沒車，兩袖清風……還一直給！」

我知道她接下來會說什麼經典台詞。

「沒那個命，」媽媽掏出鑰匙準備開門，「要認，」她說。

那是一九八六年四月，市場裡飄盪著腐爛蔬菜的香氣。

我腦中迴響著，一輩子為錢煩惱的媽媽所說的那兩個字：認命。

我心想，這就是我的「猴子信念」？人無法控制自己的金錢命運？

「妳以為我洗一顆頭賺多少錢？」

「妳以為錢好賺啊？」

我發起抖來，像是吹到一陣寒風。我心不在焉地對回憶中的母親嘟囔了一句：「如果無法改變自己對金錢的信念，任何書對你都沒用」。

沒用？

我突然想到，這幾年來，我看待錢的方式，跟媽媽一樣隨性。好久以來，我的打工費、研究金、全部買了衣服跟化妝品。我跟男友交往八年，這八年裡，我除了花光自己的兩萬元的研究補助金和講師鐘點費，還靠他的薪水付清房租和卡費。火災以前，我一個月的開銷將近四萬元：房租、水電、手機通話費、吃飯、名牌眼影、粉底液、鞋子、包包、耳環……很多東西沒用過幾次，堆在桌上，小山似得摞起來，歪歪斜斜。化妝品與保養品的罐子，剩下半罐，蒙上一層厚厚的灰；鞋子與包包發霉、變形，散落在床底、鞋櫃；梅乾菜似的T恤揉成一團，內衣掛在衣架上，把衣架壓彎……從小以來，我跟媽媽一樣，賺得快，花得也快。錢往左手進、又往右手出，從來沒留住，也沒想過要留住。我沒存過錢，也沒想過管錢，我從不考慮人生，也不考慮將來，我只想開心、只想花錢發洩。

「現在出事了，怎麼辦？」我看著孩子，熱血上湧。這孩子只有我了。我再不振作、再不努力，孩子怎麼辦？我想給她公平的起點，保護她，讓她未來不擔心錢，不要聽我抱怨。我想讓這孩子再也不要害怕，我想徹底跟過去斷絕。

我知道，我已經看到一些徵兆，它們透過窗子上的斑點，閃著光，像明亮的眼睛。我聽到媽媽低語：腳踏實地，錢很難賺，工人的孩子，要認命。

這信念錯在哪裡？

我突然想到一個點子——至少就「改變信念」而言很讚的點子——靈光乍現。

三個迷思

我坐起身，拿了紙筆，挑起眉毛、瞪大眼睛，彎下身去寫媽媽教給我的金錢信念：

一、工人的孩子，要認命。

二、賺錢要腳踏實地，一點一點賺。

三、錢難賺。

問題就出在這裡。盯著這幾行字，我慢慢提起筆，劃掉句號，潦草地寫了「？」。

一、工人的孩子，要認命？

二、賺錢要腳踏實地，一點一點賺？

三、錢難賺？

每一條都值得懷疑。

首先，工人的孩子要認命？世界上最有錢的人之一，ZARA創辦人阿曼西奧．奧蒂嘉（Amancio Ortega）是鐵路工人的孩子，十三歲輟學當服裝店學徒，二十七歲開設自己的服裝廠，一九七五年創立ZARA，現在身價八百億美元。工人的孩子？他可沒認命啊！

第二個可疑的地方，是「錢要一點一點賺」。我回想認識的有錢人，沒有一個是「一點一點賺」的，他們往往以級數暴增的方式，讓資產快速累積——巴菲特就是，二〇〇八年金融危機，借給美國銀行、奇異、陶氏化學、瑞士再保、箭牌、高盛的貸款，讓他狂賺一百億……哪是一點一點賺？就是暴利！

第三個可疑的地方，是「錢難賺」。我認識的另一位朋友，光靠祖產的一間店面，每個月租金收十萬，這錢不靠胼手胝足、腳踏實地，不是難賺，而是躺著賺！錢難賺？真的？

「信念」，我喃喃唸道。三個信念，三個疑點。媽媽告訴我的金錢信念，果然有問題！

改變自己對金錢的信念

那一瞬間，我決定畫一個表格，列出所有回想得起來的，跟錢有關的對話、動作、畫面，歸納我的猴子信念，然後，開始反駁。

「再不信我的話，」書用嘲諷的聲音說，「打算窮一輩子？」

我拿起一張紙，在右上角寫下「舊的信念」幾個字，左下角寫下p.1。我挪了挪紙，讓它對齊中央，寫下這些字。然後，我在每一句話後面，接上「這句話，讓我相信……」

舊有信念

1. 妳以為我洗一顆頭賺多少錢？
2. 妳以為錢好賺是不是？
3. 妳是工人的孩子，要認命。
4. 錢夠用就好，不要去比。
5. 腳踏實地，不要投機。

p.1

我看著寫下的東西，不可置信地僵在那裡。

猴子信念，我酸楚地想著，把紙朝一旁推去，突然累了。

不改變金錢信念，什麼都沒用。

我該試著舉些例子反駁。盡力去做。

我往後靠，用手蓋住雙眼，然後開始盡力去想。

盡全力。

舊有信念

1. 妳以為我洗一顆頭賺多少錢？這句話，讓我相信……錢要一點一點賺。
2. 妳以為錢好賺是不是？這句話，讓我相信……錢很難賺。
3. 妳是工人的孩子，要認命。這句話，讓我相信……人會不會有錢，注定好的。
4. 錢夠用就好，不要去比。這句話，讓我相信……追求富有是貪心的，要知足。
5. 腳踏實地，不要投機。這句話，讓我相信……投機，是一件壞事。

p.1

1. 錢要一點一點賺？
牟墨林不是，巴菲特不是，我的朋友艾力克斯因為賣出未上市股票，賺了五百萬元。他們的錢都不是一點一點賺的。

2. 錢很難賺？
朋友強尼不是，他繼承的店面，一個月租金就收十萬元，他的錢不難賺；另一個朋友馬克也不是，家族經營麵條批發，他持有股權，固定收股利，卻從來不參與經營，他的股權分紅，一點也不難賺。

3. 人會不會有錢，注定好的？
我認識的老闆不是，他十三歲出來做鐵工廠學徒，六十八歲資產過億；劉奶奶不是，她出身富裕，家裡土地田產在六十歲前被先生敗光。沒有注定，各種結果都是隨時變動的。

4. 追求富有的人貪心？
比爾．蓋茲最求富有跟成功，他成功之後，捐出很多錢。貪心的人何必捐獻？想盡辦法留在自己身上不是很好嗎？

5. 投機是壞事？
巴菲特以投機為業，他賺來的大筆金錢，再投入公益基金會，消除世界上的貧窮跟痛苦。他是投機者，卻用賺來的錢幫了那麼多人，他難道做了壞事？

我垂下手，傻傻地望著自己寫下的東西。突然，我感到十分清醒，從未有過亮光的內心突然亮起了燈，不僅在我頭腦裡，還亮遍身體。

「如果你無法改變自己對金錢的信念，任何書對你都沒用。」

我說著，身體前傾，深吸一口氣。透過雙膝之間的縫隙，我看得見頁面上的每一個字句、每一個標點符號、每一片空白的反光。我的眼珠在眼眶裡轉動，心臟咚咚地跳動，血液激動地流湧。然後，我聽見了老公的聲音。

第2章

素人減肥記帳法

按照每月帳本、月報表、年度開支報表、
來年支出目標表、支出監控表等五個表格，我建立了記帳流程。
實行經過兩年，我的家庭總支出整整降低四五％！
如果以減肥來比喻，我整整瘦掉了半個自己！

為了申請保險，這輩子第一次列開支表

「醒了嗎？」老公喊著，急忙朝門口走來。他右手抱著小孩，左手提著嬰兒包巾，這已經是他的最快速度。「問妳個問題？」

「嗯，」我說，不過語氣不那麼愉快，我的聲音沙啞，像砂刮過石礫堆似的。「頭有點痛，什麼事？」老公點點頭。過去這個月，他像老了十歲。

「妳有看到月子中心的計費報表嗎？」

「沒有。怎麼這麼問？」

「醫院說如果遺失報表，要加收處理費。我再找找看——」

「搞什麼！」我站起身，慢慢沿著書架走過去。

「沒有報表，醫院無法開收據；沒有收據，保險無法報銷，手術費、住院房費——」

我的雙眼慢慢睜大，「理賠拿不回來？」我嘶聲說。

「這不知道，還要再問——」

我開始大聲抱怨，「房子都已經燒了，還拿不回理賠！」

但我再怎麼生氣都沒用，那張收據還是得找出來。會放在架上的行李箱裡嗎？我舉高手，卻搆不到行李箱。無論我怎麼努力，指尖差了整整一截。我明知這點，還是伸手去探，簡直無法相信運氣這麼地背。然後我哭了……即使隔著淚水，我的眼光仍在架上搜尋，看有沒有任何線索能幫我，只要想得起來，只要找到就——

我又去翻雜物櫃。原本急促的呼吸停住了，我瞪大了眼睛。

我抽出一個牛皮紙袋，打開。沒有醫院收據或證明，裡面裝的東西全不是那麼回事，而是一大堆營養藥丸，大部分都裝在標著「樣品」的小密封袋裡。

「報表。」我喃喃唸道，一邊狂亂地在袋子裡翻找，臉上不斷冒汗，胸部腫脹不已。「報表，該死的報表？」

沒有報表。我把袋子封口，放回櫃子裡。

丟了。誰會留意一張紙？房子都能燒了。什麼都留不下來，何況一張破紙？想到紙灰飛揚的畫面，想到那團悶燒的火苗，想到扭曲變形的屋頂、歪斜的門柱——我咬牙切齒，努力不去回憶。

先列個清單吧，也許會有漏掉或不精確的地方，無論如何，總比什麼也不做好吧？

我注射了幾天麻醉？我試圖回想，卻怎麼也想不起來。按照記憶，我認為一共麻醉三次，因為脊椎側彎，醫生似乎扎了好幾次。

這次生產，我究竟花了多少錢呢？我翻開筆記本，拿出一張便條紙，用削尖的鉛筆在紙上畫了一條線，開始往下寫：

1. 無痛分娩針：六千元？
2. 住院房費：一日兩千元。
3. 寶寶心臟超音波：八百元（好像是，再確認）。
4. 過敏原測試？（價格忘了）。

我的心思飄走了，生產的費用不只這樣：月子餐費、護理費、雜用的尿布與奶粉、各種篩檢等。我放任自己繼續回想，但不只是回想而已，還在思考、回溯、研究，在醫院到底花了多少錢。

我不只在醫院花錢，還有哺乳裝、束腹、包巾、保險、圍脖、媽媽包……我想得心頭亂跳，思緒開始奔馳。

「慢慢來，」我低聲對自己說，「一個一個來，不要急。」

我拿出錢包，把發票一張張抽出來，放在桌子上。儘量列出開支吧，我木然地想，列一個算一個，順便梳理一下生活，瞭解自己的花錢情況……我把最後一張發票抽出來，喉嚨乾澀，心跳有如擂鼓。

片刻後，病房時鐘指正，十二點，我整理了三個小時，終於把生產費用表格列了出來。

你以為記得住，其實連支出都列不出來

列出一天的開支後，我繼續回想細節：

十四日的早餐買了什麼？

那天上網買了包巾，運費刷卡了嗎？

圖2.1 我家2006年4月22日的開支紀錄	
早餐	155元
午餐（排骨便當）	75元
飲料	70元
晚餐	150元
月子病房房費	2000元
嬌生隱形眼鏡	1780元
哺乳衣	1890元
汽車加油	875元

月初繳了電話費，一千零多少元？便利商店買了嬰兒防蚊液，發票呢？檢查？我做了好幾項檢查。

我直起身體，瞪大眼睛盯著報表，兩手放在椅子扶手上，深吸一口氣。我以為沒問題，實在太天真了。這些費用不可能理得清楚：發票零零落落，日期對不起來，好多項目沒有票據，只能靠記憶——

我坐在椅子上，手托著下巴望向發票，等待回憶清晰起來，除了窗外轟轟的汽車聲，其他都毫無所覺。我不斷敲著指頭，項目列了又刪、刪了又列，十分鐘過去、十五分鐘過去，我不斷在紙上塗塗寫寫。然後，報表列了出來。

一個月用掉半年講師薪水

我困惑地看著桌上的白紙，保險費呢？勞保呢？

從來沒有什麼能阻止我找出答案，報表可以不見，但是我的誠實最有韌性。我這輩子沒有任何優點：聰明、冷靜、果斷通通辦不到，除了誠實。也就是說，支出報表不能只列一半，我得把「年度支出」一起排出來才行。

我心中升起一股罪惡感，急著想把支出列完。在寶寶被推回病房前，我已經寫出來了。

我放下筆，眼睛盯著報表，然後又慢慢提起筆，潦草地加總合計。

「十三萬六千九百一十四元？」我不可置信地看著數字，而後失神。我停頓了幾乎三分鐘，愣愣地注視報表——我竟然以為事情不會變得更糟，真是錯了，而且錯得離譜。

我一向以為自己花費滿節制的，但誠實列出開支表的當下，我彷彿被朝心臟開了一槍。我頂著椅背，頭向後仰，以為自己會哭出來，終究還是忍住了。

「現在怎麼辦？」我自問。我知道下一步該做什麼：撙節開支。先存第一桶金，我酸楚地想著，然後把報表朝垃圾桶扔去。明天我會開始記帳，現在已經沒有退路了。

圖2.2　我家2006年4月開支紀錄

項目	月開支	估算方式
1. 食品	15600元	1560元（三天帳單加總）×10天＝15600元
2. 衣服飾品	7560元	1890元（過去一週買過一件哺乳衣）×4天＝7560元
3. 交通油資	2625元	875元（一個月加油2～3次）×3天＝2625元
4. 娛樂	3600元	遊樂園門票、CD按摩、演唱會門票……去過一次六福村，腳底按摩一次。
5. 日用雜物	2002元	從手邊的家樂福發票明細得知，我買了面紙一大包、洗髮精一罐、牙刷兩條、掛鉤兩個，一共1001元。我一個月通常到家樂福採購兩次，所以金額乘以2。
6. 寶寶	4350元	包括奶粉、尿布、玩具等，都有留下發票。
7. 通訊費	1950元	這是固定費用，可以查詢帳單
8. 頭髮	1000元	雙週固定剪髮一次，每次500元。

我想到命運的反覆無常，腦中又浮現電視裡空洞尖利的噪音、人的驚叫聲、爆炸聲，以及那團火苗。那印象如此清晰，老公說過的每個字、我驚叫的每句話、不斷蒸騰的煙，以及消防車的嗚噫聲，一切歷歷在目。

我怎麼會遇到這種事？

這種鳥事怎麼沒發生在別人身上？我用手掩住雙眼，強迫自己放鬆，彷彿天已黑了。

唉，明天又是新的開始。

原來理財、瘦身失敗的原因跟落枕一樣

接下來的兩週裡，我只感覺泄氣。離開台灣，回到上海，這感覺越發強烈。心情沮喪，過度勞累，幾天之後，我進了醫院。

我落枕了，嚴重落枕。火災沒法治，落枕能治。於是我去了診所，專治跌打損傷那種。緩緩推開大門，我歪著頭，步履踉蹡。像是早猜到似的，醫生瞄了我一眼，咂咂嘴

唇，下巴朝房裡一抬，顯得意興闌珊。我坐上理療台，翻躺，雙目緊閉，仰望着天花板。醫生一手抵住理療床，一手推著滑輪椅，朝我靠了過來。我沒出聲。

「怎麼？」他就在理療台上探出身子，手搭著上面的手把，屁股厥著，頭探到床邊的平台上，看著病歷。「又是手麻，睡不着？」

「說幾次了，」他說，「低頭看書，每十五分鐘就要休息，拉拉背，扭扭脖子。為什麼不照做？」他把我放回台上，開始捶我的背。上背，下背，上背，下背。我的下巴一下又一下磕在床上，耳朵裡嗡嗡作響。「聽勸啊！堅持啊。」醫生說。我聽見自己發出嗚嗚嗚的聲音，他的手掌拍在我的背上，發出拍棉被的「砰砰」聲。然後突然停了。

醫生坐在我面前，粗粗地喘著氣。「習慣不好。」他說。

醫生說的是。改不掉的、治不好的，都是「習慣不好」。你有過減肥經驗嗎？我有，坦白說，我減肥減了一萬八千五百三十六次。每次都失敗，每次都復胖。事實上，我肚子上的肥肉比宇宙還要強大。

我不知道太胖不好？知道。

我不想變瘦嗎？非常想。

我不知道減肥的正確方法嗎？當然知道。

該聽的都聽了，為什麼不照做？習慣不好，我喃喃道。

很多事，「知道了」，不代表「會去做」；「去做了」，不代表能「一直做」。復建如此，減肥如此，記帳理財？也是如此。

人都軟弱，人都懶惰。有些人「知道」記帳，有些人「真的」記帳，極少數的人「持續不斷」記帳，究竟是什麼造成區別？

我的教育心理學基礎提醒我，改變行為，塑造習慣，要循「心理學」，不是「會計學」。我相信，只有研究「人如何能改變習慣」的「行為心理學」，才能用新的路徑，有效率、有策略，幫我改變。既然要做，要省錢，就要用心，要有策略。

當時讀到一本書，對我產生莫大影響：美國奇普．希思與丹．希思合著的《改變，好容易》。

奇普．希思是美國史丹佛大學教授，他和弟弟丹．希思合寫的這本書，教讀者如何真正進行戒除毒癮、戒酒、勸孩子少看電視等棘手行為。

如果想勸人少吃爆米花，辦法很簡單，不用顧慮對方是否能理解，也不用關心他們怎麼想，只要拿小桶子裝爆米花就可以了，這叫「改變會碰到的東西」。

健身房發給會員積分卡，讓會員每運動一次，就在卡片上蓋一個章，集滿八個章，就可換贈品，這叫「隨時隨地讓你感覺有進展」。

主管刪減部門預算時，在原有支出金額上，往下降五％（比如宣傳預算從十萬元降低到九萬五千元），將金額寫在白板上（本月目標：九萬五千元）。這叫「改變小而清楚」。

國中生作出一張參考書進度表，每週劃線，記錄完成狀況。讓自己寫參考書的行為，形成一套可預期、接近常規習慣的程序，這叫「營造路徑」。

書上說，我如果要進行有效而持續的改變（比如記帳），必須遵循四個條件：

1. 改變會碰到的東西。（Touch）
2. 隨時隨地讓自己感覺有進展。（Feel）
3. 改變小而清楚。（Small）
4. 營造路徑。（Path）

我把這四個原則簡稱為P・S・F・T（Path、Small、Feel、Touch）。按這四個原則，我一年接著一年摸索修正，最終建立記帳系統，執行十年，至今未停。

菜市場記帳法

一開始，我先從每月帳本開始記錄。圖2.3是我的每月帳本，冊子薄薄的，只有二十張，一本一・五元人民幣。我把它放在書桌上，隨時可見，以便隨時提醒自己記帳。

我對數字不在行，也不會太精細的記帳法，我用自己發明的方式開始記帳。

翻開第一頁，我會寫上各項支出名目，金額空著，便於統整結算，如圖2.4。

圖2.3　我的記帳本

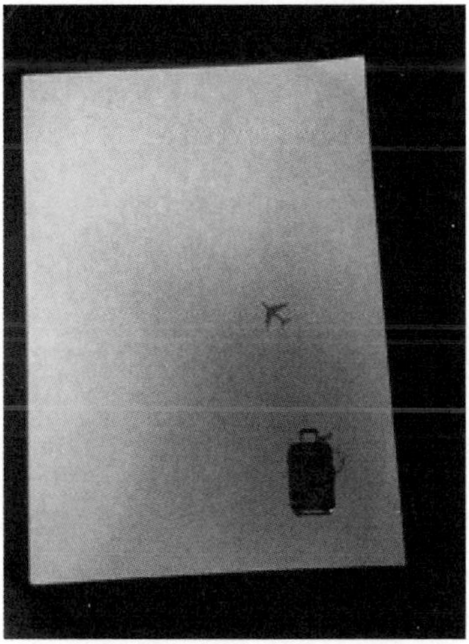

圖2.4　帳本支出項目

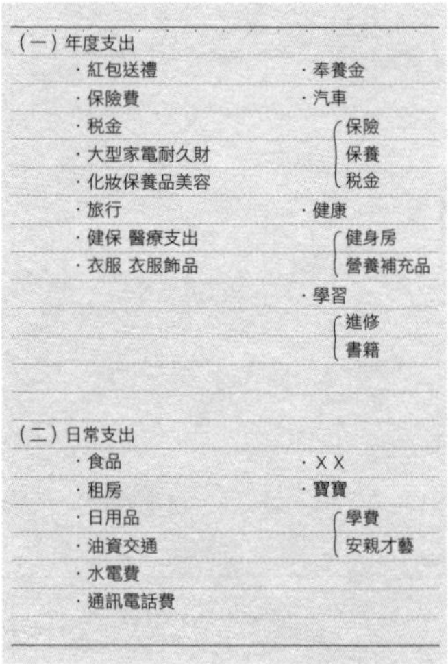

圖2.5　三十天的開支項目

翻開第二頁，我分別列下「食」、「衣」、「住」、「行」、「育」、「樂」、「baby」、「日用品」八個單項，一口氣填上三十頁（代表三十天），如圖2.5，小帳本的雛形就完成了。

我每晚都固定一個時間記帳，通常是孩子上床睡覺，家務也處理得差不多的時候。時間一到，我就坐在書桌前，拿出錢包，整理發票，一條一條歸類記帳，像圖2.6。

凡是不能歸類於「日常支出」的項目，如「營養補充品」這種非規律性花費，會被我用曲線框起來（如圖2.7），同時記錄在當日花費上，便於識別：

有的時候，我會在帳本貼上小張的帳單

圖2.6 分類記錄開支

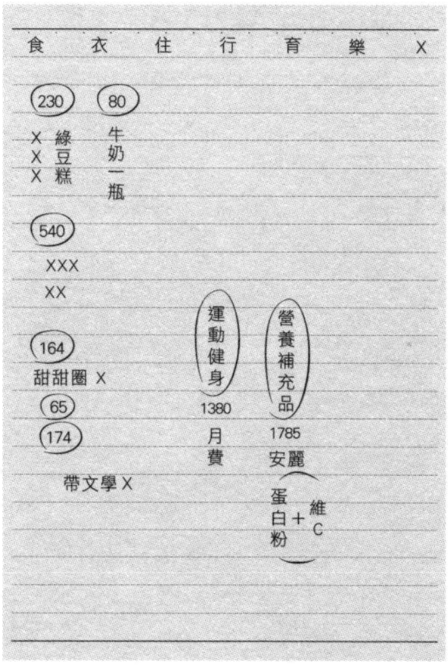

圖2.7 找出非日常支出

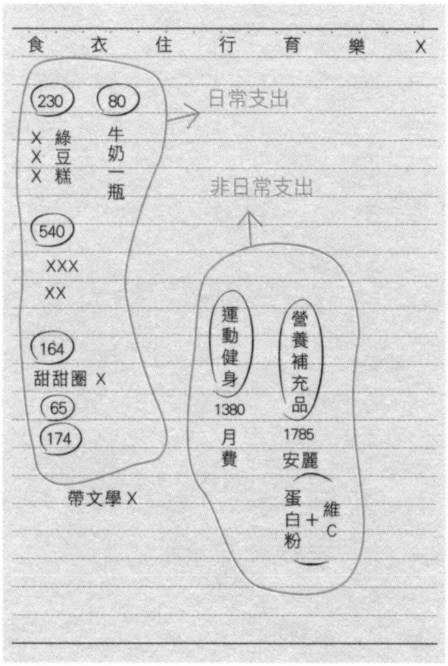

與發票、隨筆寫點心情，或記錄特別事件，好讓自己記得當天發生什麼事、為什麼會有某筆開銷。

我甚至把當天購買物品的圖樣畫下來，像是衣服圖案，這樣月底結算時，才不會搞混，或發現自己固定買什麼樣的衣服，下次就能提醒自己不用買了。

讓帳本愈來愈厚、愈來愈重，就這麼持續記錄三十天。

到了月底，我再將每個項目分別加總，一筆一筆，按照食、衣、住、行、育、樂、baby、日用八個類別，用鉛筆填回第一頁，形成一張報表，最後加總，填在右下角，如圖2.8。

這張報表，代表這個月的支出報告。每

圖2.9　累積的帳本帶來成就感

圖2.8　當月開支報表

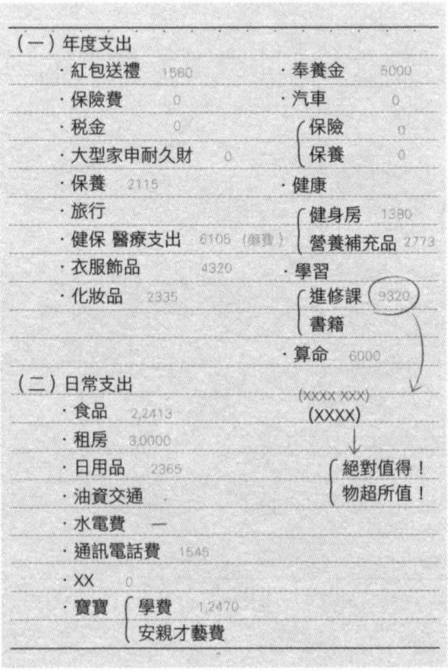

（一）年度支出
・紅包送禮　1580　　・奉養金　5000
・保險費　0　　・汽車　0
・稅金　0　　（保險　0
・大型家申耐久財　0　　（保養　0
・保養　2115　　・健康
・旅行　　（健身房　1380
・健保 醫療支出　6105（藥費）　　（營養補充品　2773
・衣服飾品　4320　　・學習
・化妝品　2335　　（進修課　9320
（書籍
・算命　6000

（二）日常支出　　(XXXX XXX)
・食品　2,2413　　(XXXX)
・租房　3,0000
・日用品　2365　　（絕對值得！
・油資交通　　（物超所值！
・水電費　—
・通訊電話費　1546
・XX　0
・寶寶（學費　1,2470
（安親才藝費

當填完報表後，我會思考哪裡還有可以刪減的開支，作為下個月記帳要留意的重點。像服裝花費是否太高了，以後同樣花色不買？青菜採用一週買一次的總量控管，比每天想到買一點還省等。隨後，我會把帳本豎起來，放在觸目可及的位置，以便隨時提醒、隨時翻找，如圖2.9。接著，我再翻開第二本，繼續記錄下個月的開支。

十二個月後，我會豎起十二冊帳本，整理出十二張開支月報，收割小小的勝利。根據這十二張報表，我再謄錄成「年支出報表」，如圖2.10。

這個時候，只能算抹完粉底液，真正的戰鬥，才要開始。

圖2.10 我的年支出報表

支出X額 123,1982

（一）年度預算

·紅包送禮 4,6249	·奉養金 6,0000
·保險費 17,1063	·汽車保費 2,3056
·保養品 3,0886	·汽車保養 1,2918
·稅 3,6033	
·大型家申耐久財 2,0566	·高爾夫
·化妝品 1,2809	·眼鏡
·旅行	·保健食品 1,2425
·美容沙龍 0	
·醫療 3,2557	
·衣服 10,2545	

（二）日常生活

·食品 23,6392	·日用雜物 3,5785
·剪髮 1,9091	
·交通 5,0106	·通訊費
·書籍 `1,7346	
·娛樂	
·寶寶	
A 學費 B X X 1,0396	
18,9555	

圖2.11 年度開支檢討

1. 衣服購買金額暴衝，今年目標壓在六萬之下
2. 小X美甲太花錢，完全不去了，改用便宜做指甲美X小店
3. 保養品控制得很好，化妝品控制失敗，睫毛膏買太多是主因，切記所有化妝品務必在台灣購入
4. 學費下降的金額不如預期高，因為9月份才開學，今年（2013），可預計學費再下降至9000元，比2012再下降6000元，XXX車費可安心支出
5. 我的失控花費都在愛美上

檢查年報，如同檢查減肥成果

粗魯地講，檢查年報，就像赤裸著面對全身鏡。你會清楚看到，一切並不美好。這個時候，千萬挺住。不要撇頭，深深吸氣。抿著嘴，皺著眉，用眼角餘光，瞄出哪裡不好：胸部下垂、腰部太粗、大腿中間沒有縫隙、臂下垂著一坨肥肉。馬上，口頭檢討。

接下來，在帳本上出現肥肉的地方，狠狠畫上記號。

這些記號，就像你的胸、你的腰、你的膘，用簽字筆把它們圈起來，當成刪減的「靶心」與「目標」。高高舉起右手，左手輕放胸口，眼神堅定，眼眶泛紅，宣示「打擊

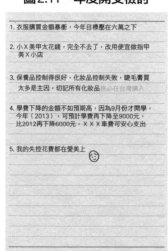

圖2.13 確定開支刪減項目

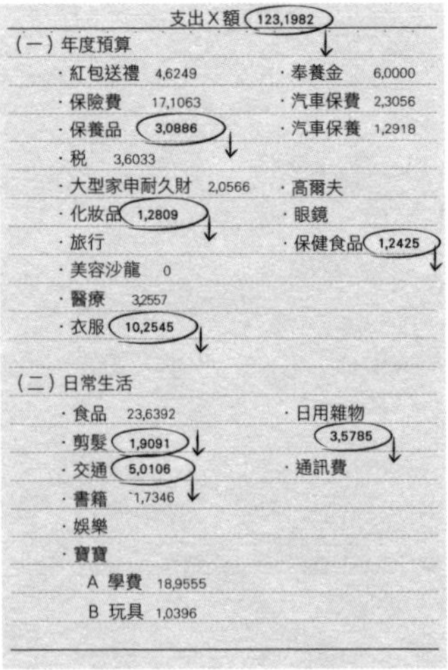

圖2.12 找出可刪減之處

的決心」。然後，為每個部位的时數定下嚴苛目標，壓縮各項預算。

我會根據整年支出，逐項刪減和壓縮。通常先從大項的開支刪減，因為這樣比較有效，一年刪五萬元的紅包錢，比刪一兩千元的菜錢來得實際。例如我的紅包花費第一年高達十幾萬元，我自己看到也嚇一跳，後來回想，我可能熟的、不熟的人，都包三千六百元，有的甚至更高，因此隔年我就特別留意，不熟的人就包少一點，或就算有交情，也不必為了面子包到六千六百元（當然這視個人標準而定）。

然後，除了總支出降低三〇％，個別項目，比如衣服刪減五〇％、化妝品刪減二

圖2.14 確定明年刪減目標

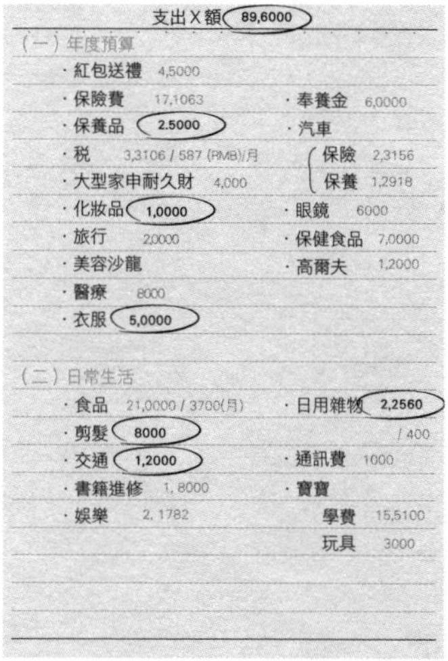

○%，苛刻地執行。

刪減後的「支出目標」，就是「理想中的狀態」，那是我的「維密超模❶報表」——沒有一吋肥肉，沒有膨出的曲線，也沒有皺摺，膚色透亮而粉紅。生氣勃勃，身材姣好。

這時要把「維密超模報表」貼在牆上，激勵自己，鼓動想望。然後，讓自己接下來的行動，全身投入，耳目酣暢。

人之所以保持肥滿，不是沒有原因；人之所以省不下錢，也不是沒有原因。理由大致一樣：不狠、不撐，既不掙扎也不逞強。

❶維密超模，是指參加「維多利亞的祕密時尚秀」（Victoria's Secret Fashion Show）的頂尖模特兒。有著全世界最完美的身材與魅力。

圖2.16 來年支出目標表

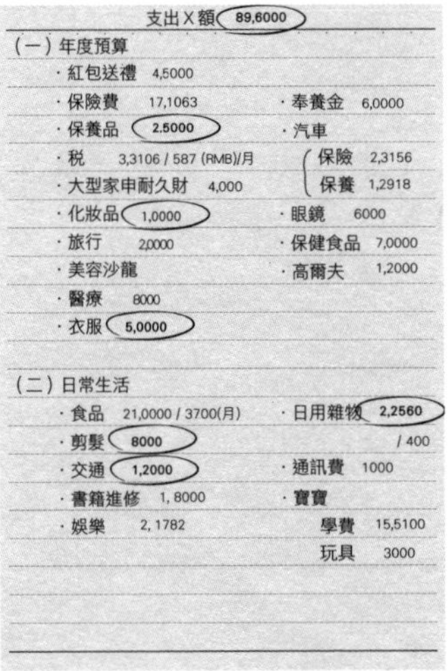

圖2.15 刪減後的理想支出

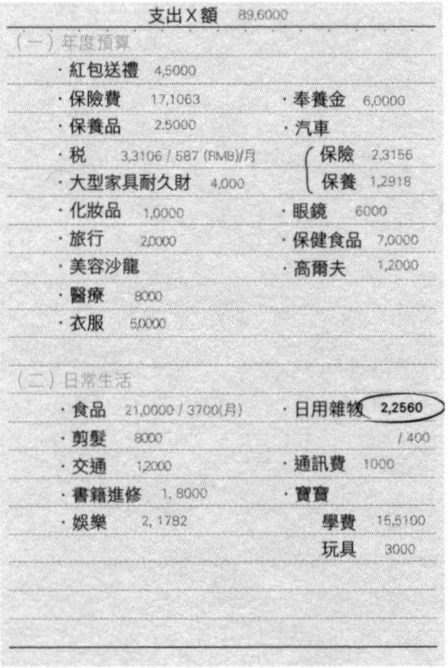

慾望讓我們軟弱：習慣買Lowrys Farm的衣服、習慣星期五吃烤肉、習慣撲蘭蔻美白晶亮粉餅、習慣塗SK2青春神露、指甲拋光發亮。

我們習慣，所以軟弱；我們軟弱，所以放棄。到了「維密超模報表」出現時，戰鬥開始了。搖擺你的肩膀，挑高你的眉毛，讓你的槍杆上膛。下面這個步驟，我要告訴大家，怎麼召喚一個教練——爆乳蜂腰、裏著亮黑皮衣、穿著過膝長靴、手持長鞭的教練，在「維密超模報表」旁邊，鞭策你走向天堂。

回到刪減後的圖2.16「來年支出目標表」。上面每個項目，特別需要控制的「靶

圖2.17 支出監控表

衣服預算的支出明細		累計
1月	2月	
3月	4月	
5月	6月	
7月	8月	
9月	10月	
11月	12月	

圖2.18 填上當月已花費金額

衣服預算		累計
1月 7356	2月 1053	
3月 2221	4月 2781	
5月 6582	6月 22415	
7月 20404	8月 6610	
9月 4257	10月 9467	
11月 6056	12月 13343	102545

圖2.19　支出監控範例

（一）紅包送禮	4,5000				（二）保養品	2,5000			
				累計					累計
1月	18354	2月	2307	20661	1月	8899	2月	2613	11512
3月	4319	4月	1488	26468	3月	0	4月	0	11512
5月	8158	6月	0	34626	5月	0	6月	2012	13524
7月	5516	8月	357		7月	5109	8月	0	
9月	5301	10月	3956		9月	1388	10月	7954	
11月	0	12月	0		11月	8820	12月	998	
（三）大型家具耐久財	1,0000				（四）化妝品	4500			
				累計					累計
1月	2900	2月	1575	4475	1月	4186	2月	179	4365
3月	0	4月	0	4475	3月	0	4月	0	4365
5月	414	6月	0	4889	5月	1410	6月	465	6240
7月	3,8567 (pc)	8月	0		7月	2115	8月	0	
9月	2758	10月	0		9月	0	10月	0	
11月	0	12月	6355	(cell phone)	11月	185	12月	3002	
（五）美容沙龍	6000				（六）醫療	3000			
				累計					累計
1月	0	2月	0	0	1月	0	2月	0	
3月	94	4月	1395	1489	3月	146	4月	0	
5月	0	6月	0		5月	1076	6月	136	
7月	0	8月	0		7月	1050	8月	475	
9月	1,0148	10月	0		9月	694	10月	0	
11月	0	12月	17718		11月	0	12月	0	

心」與「目標」，例如衣服、保養品、剪髮等，會被我獨立出來，另外畫成支出監控表，把目標預算寫在最上面，如圖2.17。

接下來，我會按月把已經花掉的金額，填在上面，如圖2.18。

盯著「累積金額」會感到「血量減少」。雖然額度不多，但我開始感受壓力：我還是逛Lowrys Farm，但只把衣服拿起來比一比，嘆口氣再放下；一樣吃烤肉，只是點菜時，開始少點一盤五花；試圖將保養品改成平價的DHC；放棄青春神露，嘗試絲瓜化妝水；自己拋光指甲，挺直背脊，用笑容讓自己發亮。

這是我的「支出監控表」，實際製作起來就像圖2.19。

理財的第一步，用記帳累積資本

按照每月帳本、月報表、年度開支報表、來年支出目標表、支出監控表等五個表格，我建立了記帳流程。這套「預算監視系統」，幫我評估每月花費、控制開支。

實行之後，效果非常驚人。記帳後第二年，我家全年總支出降低二〇％；第三年，全家總支出再降低二五％。也就是說，經過兩年，我的家庭總支出整整降低四五％！如果以減肥來比喻，我整整瘦掉了半個自己！WOW！

請注意，我在二〇〇六年與二〇〇七年連生了兩個孩子，但是三年內，我的家庭年度總支出卻降低四五％。

我個人認為，帳本隨手能摸（Touch）、隨手能看，這點很關鍵。雖然在記帳APP盛行的年代，我的記帳太土法煉鋼，但帳本一本本豎立在桌前、床頭與電話邊，一頁頁變厚、變沉，就視覺與觸覺而言，會感覺（Feel）自己隨時有「進步」、有「努力」、有「成就感」。即使是小小的（Small）進步、小小的努力都會即刻可視。

「維密超模報表」上的每個數字、項目都很明確，我知道目標在哪裡，終點線有多遠。

我每天都會取得勝利，每個月都會遵循固定流程——記帳、謄錄、檢討、填入支出監控表（Path）、最終建立「年支出監控表」。

這個過程，就是行為心理學專家所說的：

1. 改變會碰到的東西。（Touch）
2. 隨時隨地讓自己感覺有進展。（Feel）
3. 改變小而清楚。（Small）
4. 營造路徑。（Path）

我遵循P．S．F．T，於是

圖2.20　執行成果達標

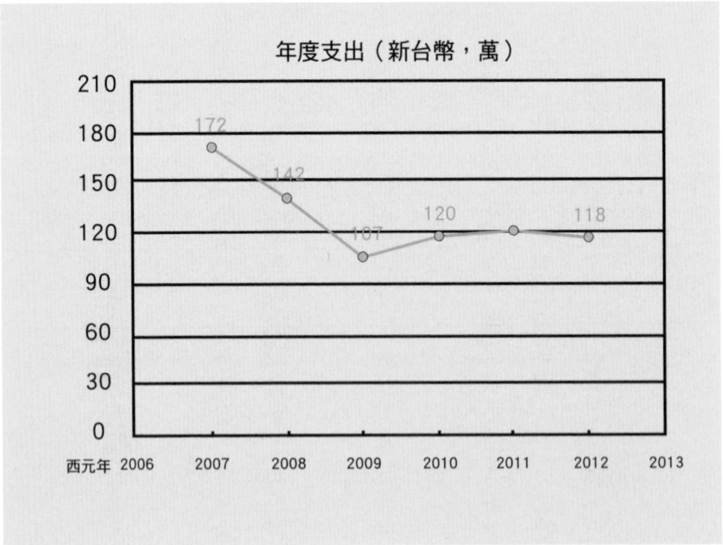

「碰」！驚喜出現了。

不少人看到這裡可能想：需要那麼累嗎？需要那麼囉嗦嗎？要這麼「舉轎」（台語）？絕對需要。累積資本是理財前要蹲的第一個馬步，沒有人能在不知道自己一年花多少錢的狀態下，宣布財務自由。

有些人覺得看網路銀行的流水帳就好，系統會自動記錄。好吧，現在就來看銀行卡「收支明細」檢查：

「支出」是支出到哪裡？「存入」是誰存入的？這個月，吃飯花了多少？交通花了多少？買衣服總共多少？看網路銀行的流水帳，其實一點都沒有效。

記帳目的不在記錄而在指導，指導未來能刪什麼項目、減什麼支出，並察覺自己的大筆開銷。分門別類，非常重要；隨手可見，更為重要。

圖2.21 網路銀行帳單

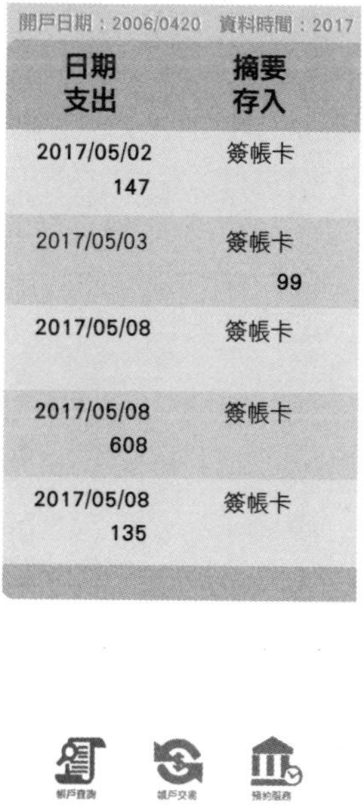
開戶日期：2006/0420 資料時間：2017

日期 / 支出	摘要 / 存入
2017/05/02 / 147	簽帳卡
2017/05/03	簽帳卡 / 99
2017/05/08	簽帳卡
2017/05/08 / 608	簽帳卡
2017/05/08 / 135	簽帳卡

這是我的忠告：在整理開支的過程裡，一定要對自己誠實。不能不算新包包、不能忘記稅金、不能刻意略過月繳的勞保。我有把握，從來沒有記帳過的人，一旦算出最後金額，結果一定會大吃一驚。

我記帳的第一年（二〇〇六年），結算該年度家庭支出，發現金額高達一百七十萬時（不包括生產相關費用），簡直嚇壞了，我第一次知道，原來我們家一年光是紅包送禮、置裝費就各要花掉超過十四萬元。經過反省，許多不需要的費用在來年就被我刪除大半了。

不管面對事實有多麼痛苦，都不能輕易跳過。對像我這種什麼後盾都沒有的人來講，累積資本是理財的第一步，把這個馬步蹲好，才能走下一步。

第3章

錢是賺出來的：憑感覺闖股市

中國A股從兩千六百點漲到六千點，
台灣股市從六千點漲到一萬點，
我這個菜鳥全程參與，就這樣短期買進賣出，
迎接第一個，然後是第二個，一百萬元。

窮人不能教你「該做什麼」

記帳這件事，真正執行起來，你會發現，難的可不是不要有任何疏漏而已。按表操作前，必須先有心理準備：一日記帳、刪減家用支出、改變支出習慣，我們周圍馬上會捲起風暴，閃也閃不過。

這個時候，健步如飛的六十歲母親會說：兒子，我想去埃及騎駱駝。

（OS：機票錢「傳」好了沒？）

有人的老婆會說：老公，你不是說，每年要出國旅行？

（OS：今年怎麼還沒聽你提？）

如果保持沉默，家人會生悶氣；如果說想存錢，今年不要出國，指責會隨之而來：

——結婚的時候不是說好了？一年兩次旅行？

——養你這麼大，跟我計較什麼？

——你哥哥……

遇到這些狀況，不論親人說什麼，千萬要撐住。這是每個人都會遇到的第一個關卡，不要退縮。

如果家人明理，道理說得通，建議可以宣誓：我不是不做，而是延後再做。我正在累積資本，學著用資本賺錢，請你們一起共體時艱，風雨同舟。

如果家人不明理，反應固執而暴躁，我建議什麼也不要說，轉頭就走。

窮人不能教我們「該做什麼」。事實上，老不代表「懂得更多」，很多時候，老代表「錯得更久」。我們要顧好自己都這麼難了，為什麼還要背著他們的願望？家人糾纏在貧窮、不安與怨恨裡，不代表我們也須如此，他收割他的人生，我們收割我們的，不需要為他人的不幸負責，任憑求索。

不要放棄，不要動搖，不要鬆口。遇到這些情況，有的人會氣紅了臉、如鯁在喉、雙手握拳、激動不已。

扛起我們的壓力，扛起來！執行我們的報表，不要停止行動。

撐住，為自己加油。

省到不能再省

坦白說，執行「維密報表」頭兩年，我活得像個禽獸。

我會估算沙拉油的使用刻度，在桶子外面畫線，進行配給；我會估算衛生紙的使用張數、砂糖的消耗克數、電錶水表瓦斯表的度數……配給、控管，鐵血執行。

最好的朋友結婚，我裝作沒看到帖子，漏了紅包。

弄丟了公司宿舍的遙控器，我摸進聯誼廳，拿公家的濫竽充數，躲避罰金。

上海最貴的飯店裡，我帶著孩子摸進游泳池，偷偷逃票。

兩歲以前，女兒只有一件厚棉襖。上海冬天下雪，冷到窗戶結冰、吐氣凝成白霧，孩子胸口布料緊繃變形，袖子又黑又短，露出一截小胖手，我捨不得換掉。

為了預算，我對所有人斤斤計較：女兒兩歲生日，禮物是一顆三塊錢的皮球；三歲禮物，是菜市場買的兩塊錢塑膠水槍。

我從不旅行、買包，生活枯燥無聊，對人苛刻無禮。無奈的是，錢累積的速度慢得讓人生氣。

那幾年，上海家樂福的冷凍櫃隔成兩截：一截專賣打折品，一截賣高級品。每個星期三，我都會走向它們的冷凍櫃，在打折品那截摸來摸去。有那麼一瞬間，我以為雞翅被其他人買光了，這讓我呼吸急促，直到翻到那塊牌子，才長吁一口氣。

我一整天都在想著雞翅，這東西非常便宜，一大包六十九元人民幣（約台幣三百四十五元），能頂一個星期。

走出超市門口，我把塑膠袋勾在食指上，邊搖邊走。沮喪感像朵烏雲，跟著我平移游動。我看到自己把雞翅刷洗乾淨，這沒問題；我看到自己拿起老薑，倒油、爆香，這沒問題；但接下來，我看到瓦斯表跳了一格，心底一沉。連瓦斯表掉了一格，都能讓我一沉。我覺得自己很弱、很蠢，這麼拚命有什麼用？

每當記完帳，老公早已睡著，我卻焦躁地來回踱步。有好幾個晚上，我把桌上的帳單攏一攏，心裡有股衝動想把它們撕碎亂丟，不過我克制下來，開始整理信件。

整理帳單時，眼前突然跳出一句話：「繳費通知……」

我連忙把這封信放到一邊。

接著是另一句：「親愛的客戶，您好！你的保費仍有……」

我趕快把信放進檔案夾裡。

又來一句：「您的這期還款金額是……」

我看著這些信，頭脹了起來，眼裡充血，眼角泛出兩點猩紅。

親人的卡債、爸媽的生活費、孩子的牛奶、尿布、保姆、早教書、保險、博士班學費、往返台灣準備博士口試的機票錢。

我這麼用力省錢，卻只剩下一點。每個月，平均多存一萬到兩萬元。但這些錢仍讓我對未來感到惶恐，要存到何時才能不再為錢擔憂呢？如果又來個意外，或是家中唯一經濟支柱—先生的收入不再，沒有工作的我該怎麼辦呢？

我的眼角下垂，嘴角長了顆皰疹。我對著鏡子，塗著薄粉，試著掩蓋泛紅的皮膚，心底卻很氣餒。

好幾次，我站起身，拿著帳單走向書櫃，放進最下層的抽屜，然後用力關上，檢查是否鎖上。我走向窗邊，望著仍然沉睡的社區，做幾次深呼吸，企圖別抽噎得太用力。這感覺就像用針挑出拇指的小木刺，木刺卻更深、更沉，最終直直沒入指尖。

誰能教我，接下來，還能做點什麼？

我不怕苦，但是拜託，到底還能怎麼做？

有錢人真的想的不一樣

省錢省到極致，慢慢累積的沮喪感快把我給擊倒。掙扎了許久，我決心尋求突破。

我覺得應該讓自己接受正宗的商業財務訓練。因此我讀了好幾本《富爸爸》系列叢書，並加入羅伯特・清崎（Robert Toru Kiyosaki）的網站，聽過很多致富故事。羅伯特・清崎說，他的富爸爸（好友的爸爸，也是金錢教練）極盡節儉，創立事業，購買地產，制定富裕之路的計劃，同時把祕訣教給他，希望他也一起致富。

找個教練。

這話在我腦海裡反覆出現，就像一段無法擺脫的咒語。

找個好教練，嗯？

但是，我能找誰？誰能體會我的困惑，找出癥結？誰能勻出時間，不感覺被打擾？誰真正掙扎過，有洞察力跟決斷力？我想了好幾天，忽然靈光一閃，想到了一個人。

張小姐是我的保險經紀人，也是我唯一認識的有錢人。她眉眼上吊，鼻梁高聳，笑容滿點，像極滿頭珠花的歌仔戲角兒。

角兒非常有錢。她白手起家，佣金達千萬台幣，是頂尖的保險銷售員。

我趁一次回台假期，與她約在一家高檔飯店碰面。那一餐，滿桌的魚翅湯包、蝦仁腸粉、雞汁鳳爪，我卻食不知味。當時聊了什麼，很多細節已模模糊糊，但有句話，我沒忘記，永遠也不會忘記，是那句話推動我一路向前。

「李博士，錢是賺出來的，不是省出來的。聽懂了嗎？」

我睜大眼睛：「錢是賺出來的，不是省出來的？我不懂，什麼意思？」

「想著賺，妳就會有；想著省，妳只會怕，」她答覆道，「害怕失去金錢，只會把錢推走。妳要對錢滿不在乎。」

害怕失去，我暗自重覆，只會把錢推走？聽到這裡，我發覺自己全身微微顫抖，像有一陣低壓電流通過。

「去賺，」她輕聲說道，「股票、基金、黃金什麼都好，什麼都試試看。」

我朝她點點頭，喉嚨發乾，腦門充血。

錢是賺出來的，我暗自重覆，不是省出來的。我感覺自己一陣暈眩。

「我沒買過股票，」我說，「可以學，對吧？」

「找個券商開戶、下單、投錢。」她根本沒顧到我在講話。

「等錢太多，再來找我。」她像想到什麼，咯咯笑了起來，「在那個時候，妳會比現在更需要我。」

離開飯店，我揮手道別，她舉手回應，背影很快在捷運口消失不見。

我在街頭站了整整十分鐘，覺得自己不是很懂，但是隱隱約約，似乎觸碰到了什麼。

我把雙手叉在口袋裡，視線投向天空，認真地想，也許，我犯了個錯。

離開飯店，我坐上捷運。車廂上，我拿出筆記本，在上面寫下兩句話：

賺錢的能力，比省錢的能力更重要；

拓展收入，比量入為出更重要

我要開戶，我要賺錢，我要擴展，不要退縮。
我要買股票，要拚搏，開始戰鬥。
很多事等著我去做，不能猶豫。
回想起來，就是這個提示，領著我走出困惑。

股市菜鳥

我開戶的那一年，兩岸股市，火熱朝天。
我在台灣開證券戶，在大陸開基金戶（當時中國規定非本國人只能買基金，不能買股票），開戶完成，馬上投錢。
在那個時候，我手上已經重新握有三百萬的儲蓄。這三百萬，一部分來自那幾年省下的四十萬家用金，一部分來自己先生科技業的股票分紅。我愣頭愣腦、橫衝直撞，一股腦全丟進了股市。

我買的第一支股票是聯發科。我把三百萬現金全買了三百七十元的聯發科，並在漲到三百八十七元時賣掉，單筆就賺了十四萬元。股票賺錢這麼容易？我大感驚奇。

之後再買股票時，我對自己就有信心了。選股？我靠「奇摩」—— Yahoo「奇摩財經新聞頭條」和「きもぢ」（感覺）捕捉靈感，全心投入。

我勤看財經新聞頭條，像馬戴著側邊眼罩，只看前方的路。我邊跑，邊喘，伸出舌頭，邊瞄。

我會掃到「萬點」，用眼球圈起「統一超」，盯著「創天價」三個字，內心微微激動。然後在情緒激昂的時候，憑著直覺，在財經網頁的股票代號與名稱搜尋欄，鍵入關鍵字，查看該股票當日的買出買進價格等即時資訊，例如新聞提到的「統一超商」。

等到進入「統一超」的股票成交資訊頁面之後，如圖3.1，便會停在這個頁面，期待「きもぢ」（感覺）天使，降臨人間，輕飄飄地拯救我。

通常成交量圖的頁面下方，會列出該股相關的新聞，以「統一超」為例，下方所列出的新聞標題，我可能只看得懂「工商證券頭條：統一超Q1獲利旺」這句。

「Q1」是指「第一季」，我賣過刨冰、記過帳，這種做生意的行話至少聽過，但以下

圖3.1 股票成交資訊頁面

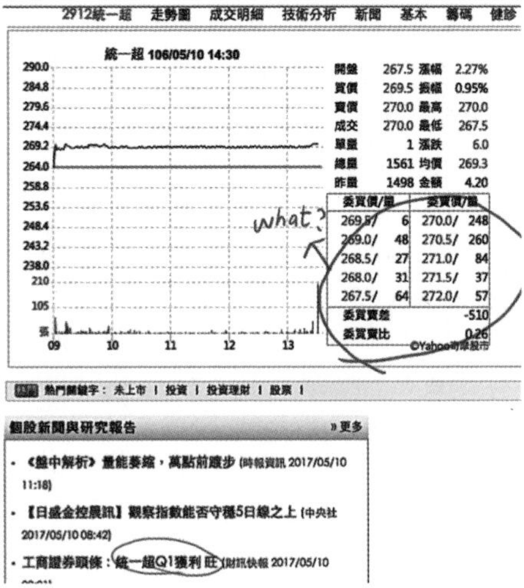

（資料來源：Yahoo! 奇摩股市）

的術語，我就真的看不懂：

「五日線」是什麼？「底線」？「起跑線」？「事業線」？

「委買價／量二六九・五／六」，這是什麼？

就是這個時候，我懵懵懂懂，純真無邪，深吸一口氣，望著「きもぢ」天使，等她點頭。只要她拈起蓮花指，微微示意，我就拿起電話，直接下單，阿彌陀佛。

憑感覺下單幾次，沒想到，非常成功。

出於一種癖好，抑或安全感，我又做了一本「股市進出小帳本」，如圖3.2。我用原子筆畫格子，一筆一筆，完全手寫；每次進出，詳列價金和淨價，不敢鬆懈。

為了算清楚交易稅費，我在第一頁，神經質地寫上加減數字和乘數點，提醒自己：

圖3.2 我的股市交易帳本

日期	買進	賣出	張數	價金	手續	淨價
2007 0122	鴻準 376.5	鴻準 416.0	5/張	2080000 - 1882500 +	9204=2 2679=1	07,0790 88,5177
					+	18,5611 9.8%
2007 0122	麗嬰房 27.15	麗嬰房 29.4	10/張	294000 - 271500 -	300 =2 3586=2	92,700 71886
					+	20,814 (7.6%)
2007 0207	華夏回報 2號 980.6單位 /1元1單位	華夏回報2號 980.6單位 /1,42784元	980.6 單位	1638.7 - 1000 +	0 = 19.4 =	1538.7 1019.4
					+ 26	619.3RMB 01元 (61.3%)
2007 0208	台積電 63.6	2007台積電 0321 69.8	10張	698000 - 636000 -	3088 = 906 =	694912 636906
2007 0411	大新增長贖回	2156,84	手續費	10.84元 +2156,84RMB		+58006元 (9.12%)

買進時，加上價金乘以0.001425

賣出時，減去價金乘以0.004425

這時的我還不懂股票，就是看股市新聞選股，憑直覺買賣，連買中國基金都是看名字選，像是帶有「新增長」、「價值精選」、「紅利」等字眼的基金，因為我只會這些。

股市裡賺到第一桶金

我的股市人生是這樣的：

早上九點到下午一點半收盤前，幾乎都盯著網站看大盤與個股數字，同時看股市相關新聞，遇到不懂的名詞，像是GDP這種就趕緊查。手中持股漲了一些就賣，好像哪個報導不錯就買，因為現金有限，買的話也是五張、十張，用打帶跑的短線方式，一檔股票賺個五萬、十萬元的，積少成多。

我一天花將近七個半小時在看盤跟讀書上，緩緩過了一年。

二○○七年的股市，像嗑了藥的「土豪哥」，群魔亂舞，high到翻天。第一次進股市的我，每一筆交易都賺了錢，如圖3.3。

有時候，我坐在電腦前，看著螢幕上的數字，在心底狂叫：別跌啊！賣掉它，事情就會結束了；賣掉它，就可以獲利了結。

天知道，賣掉了會不會繼續漲？而且好不容易才抓到大牛股，快點，決定了沒？賣啊！下單！我的手指輕輕「噠」地一聲按下了，我猛將氣往肺裡吸，然後閉上眼睛。不知道能不能成交，或繼續跌。

「啊！」我狂叫著，「來了！成交！」一股熱氣在我鼻腔間游走，手在螢幕兩側胡亂拍著，臉部抽動，兩眼鼓突，就像有根雞骨卡着我的喉嚨。

中國A股從兩千六百點漲到六千點，台灣股市從六千點漲到一萬點，我全程參與、完全投入，每一分錢都在股市裡面。

圖3.3 我在2007年的部份股市交易紀錄

日期	買進	賣出	張數	價金	手續	淨價
2007 0122	鴻準 376.5	鴻準 416.0	5/張	2080000 - 1882500 +	9204= 2679=	207,0790 188,5177 + 18,5611 9.8%
2007 0122	麗嬰房 27.15	麗嬰房 29.4	10/張	294000 - 271500 -	1300= 3586=	292,700 271886 + 20,814 (7.6%)
2007 0207	華夏回報2號 980.6單位 /1元1單位	華夏回報2號 980.6單位 /1,42784元	980.6單位	1638.7 - 1000 +	0 = 19.4 =	1638.7 1019.4
					+	619.3RMB 2601元 (61.3%)
2007 0206	台積電 63.6	2007台積電 0321 69.8	10張	698000 - 636000 -	3088= 906 =	694912 636906
2007 0411	大新增長贖回 2156,84		手續費	10.84元 + 2156,84RMB	+	58006元 (9.12%)

股市打了雞血，我眼睛瞪得圓圓的，一副被雷擊中的樣子，我在二七・一五元買麗嬰房十張，過了五天漲到二九・四元就賣掉，獲利約兩萬元；三七六・五元買鴻準五張，一個月後漲到四一六元就賣掉，獲利約十八萬元……就這樣短期買進賣出、賣出又買進新聞報導裡的熱門股票，迎接第一個，然後是第二個，一百萬元。

我這輩子賺過的錢：

十七歲，端一晚上的盤子，七個小時，能賺八百元；

十九歲，我擔任安親班老師時薪，一百二十元；

二十五歲，成大的研究助理，一個月，五千元；

考上博士，當上大學老師。兼課時薪，神聖的五百四十八元。

八百元、一百二十元、五千元、五百四十八元。

當時我就像一個嬰兒，仰面朝天，揮舞雙臂，相信世界上的食物就是蘋果泥、菠菜泥、胡蘿蔔泥。結果，有人給她一個冰淇淋蛋捲。孩子微微一舔，她眼眶撐大，放聲尖叫，「咦呀！」她用舌頭咂嘴，瘋狂環視整個房間，「原來有這麼好吃的東西，媽媽為什麼瞞著我？為什麼？」就是這種感覺！

我的電腦左邊有個黑色鐵製筆筒，以前裡面插滿鉛筆，現在除了幾枝少了蓋子的紅筆和訂書機外，什麼也沒擺。我抓起紅筆寫下獲利，畫了個圈。這是我所看過最美麗的圓圈。

我又驚又喜地等基金淨值暴漲（只花了六個月），像易方達五十指數基金、易方達價值精選基金、保德信紅利基金等，大概都有一至兩成漲幅，我在二〇〇七年九月底的基金獲利近五十萬元；然後我把幾支台灣股票像台積電、聯發科、台塑等變現（大致有一成漲幅）。在一瞬間，完成金錢的大峽谷跳躍。

那段時間裡，先生看我把錢都投進股市，而且變本加厲、愈押愈多，手邊都沒留預備金，不禁為此感到擔心。

「大盤平均投報率是二一％，老婆，妳的成績其實沒有特別好，凡事小心。不要再買股票了，我們當練習，慢慢來。」老公提醒我。

慢？慢什麼慢？哪來的美國時間？還完卡債，還得存退休金，不趁年輕努力，老了靠誰？練習？何必？而且投資書寫著，當你有把握時，應該愈押愈多，這樣才能愈賺愈多。書上說的不會有錯。我這是能力，不是運氣。非梭哈不可，一次把債務消滅。梭了，要贏。

「不要擔心，」我嘶啞著嗓子說，然後自顧自地笑了，「我會小心。」笑聲因為瞄見孩子嘎然而止。

我心中划過一念。

會贏。

第4章

五百萬資金
在股市灰飛煙沒

我不知暗潮洶湧，
帶著滿倉八百萬元的股票與基金，
滿船的信心，乘風破浪直朝股海中央去。
直到迎來致命的滅頂。

滅頂前兆

二〇〇七年，是我開戶的第一年，也是投資股票的第一年，撞上牛市，順風順水。

那一年，香港恆生指數在七月創下二三五五七點新高，中國股市則從二〇〇五年的九九八點緩緩啟動，在這一年十月已經漲到六一二四點，整整漲了六倍。

牛氣衝天，買什麼都能賺錢。就算在號子裡水母漂、射飛鏢，撞到什麼、射中什麼，都會漲，都會高，都會賺錢，讓你high爆。

就像人生的青紅燈，少年得志，絕非好的「開局」。拿著一手好牌——聰明、出身名門、家人捧在手掌心——讓你傲慢，讓你任性，讓你不知自制，沒有耐性，最終籌碼散盡，流落街頭，不是特例。總結一句：牛市，不適合初投資的純潔少女。

牛市太快，走得太急；現金讓人傲慢，不知節制，失去戒心。我以為股市沒什麼了不起，只要敢——敢進、敢出、果決、專心，就能賺大筆快錢，輕鬆容易。

一開始投入的三百萬元，在經過幾個月的迅猛拉抬，快速賺到兩百萬元之後，我就投入更多本金。幾個月內，本金達到六百萬元，增值達到兩百萬元，我洋洋得意，對所有人宣稱，我被選中了，神站在我這邊。然後，信心滿滿地，把當時在台股的大部分現金（四百萬元），重押一百六十元的聯詠❶。滿手是貨，等著天有不測風雲。

即將發生的一切，不難預期。

接下來，我會用兩張圖揭露我的真實情境。

圖4.1和圖4.2標明的「A」、「B」、「C」、「D」，各是四個激戰點。

二〇〇七年，我在中國跟台灣股市，各自擺了一半資金。兩岸股市就像吊桶，有時一邊漲，另一邊跌，節奏不同，走勢不同。這種配置在股災來時，整死了我，因為它讓我對股市掉以輕心，當台灣股市跌時，我想沒關係，中國股市有漲一些；或當中國股市跌時，我安慰自己台灣股市有漲。等到發現兩邊都大跌，資金已經蒸發了一大半，直直滅頂。

就像表格裡的「A」點是西元二〇〇七年七月，台股強勢上漲十個月後，首次下跌。當時中國A股正創高點，驚呼聲中，直直挺向四千點，如圖4.3。

❶聯詠科技股份有限公司，台灣股市代碼：3034。

圖4.1　2006~2015台灣股市走勢圖

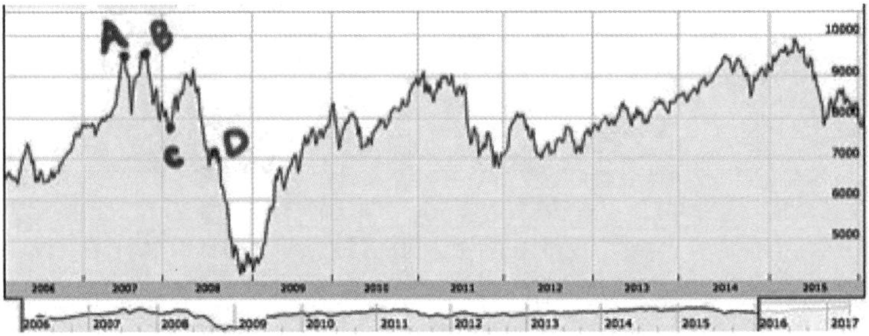

圖4.2　2006~2015中國股市走勢圖

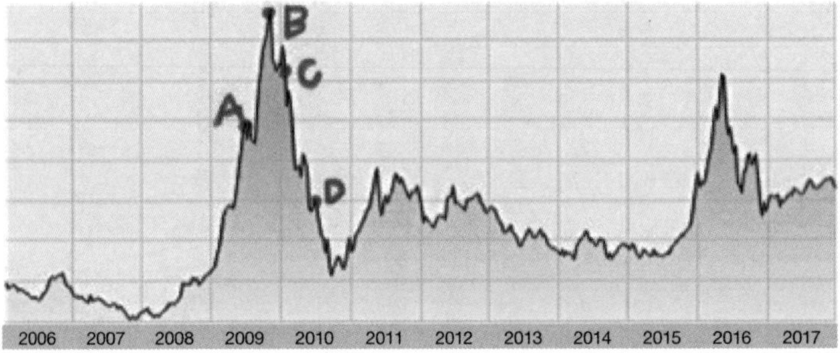

我沒猶豫也毫無警覺。吊桶一上一下，資金一漲一跌。我滿手股票、基金，獲利侵蝕一點點，我沒感覺，摟著鬍子喝燙開水。

「B」點是西元二〇〇七年十月，下跌的台股開始回升，來到九六一一點，此時中股瘋狂漲到五九〇三點，距離我進場時的二一〇〇點，幾乎漲了三倍。

我看著台股從九一六二點跌到八〇九〇點，再拉回九一六二點，呈現一種拖長、

圖4.3 2007年7月，台灣與中國股市股市走勢圖

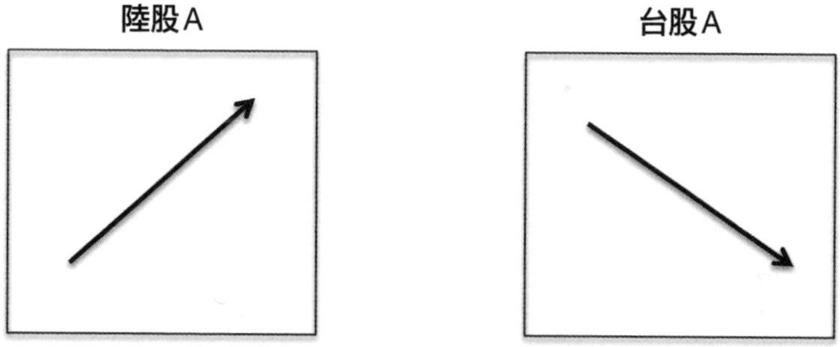

圖4.4 2007年10月，台灣與中國股市股市走勢圖

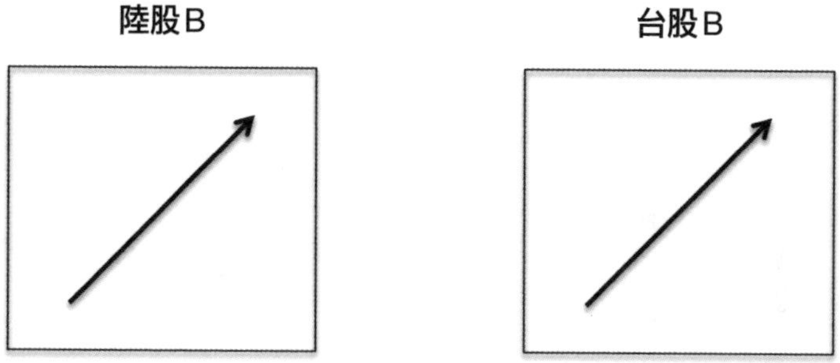

堆疊、波峰破碎的白頭浪，我像十九歲的比基尼少女，手抱浮板，嬌喘連連。

此時此刻，陸股拱成一條峭壁線，洶湧的資金推起巨浪，浪峰長長倒懸，泡沫隨風刮散，化成濃濃白霧，海面茫茫一片。我攀著舢板，抿了抿嘴，低頭數錢（如圖4.4）。

我不知暗潮洶湧，舢板要破，也不知初遠航的新手，即將遇上卡崔娜颶風。

我有最破的船板，最弱的

心智，最小的浮球，卻帶著滿倉八百萬元的股票與基金，滿船的信心，乘風破浪，無罣無礙，直直朝海中央去。

直直的，迎來致命「C」點，及至滅頂。（C點的詭異情境，文後將參照圖詳述。）

兩岸股市雪崩

二〇〇八年一月，過年前後，中國迎來一場超級暴雪。這場暴雪在南方爆發，湖南、貴州、湖北、江西、廣西等地冰凍成災。全中國大範圍斷電、交通停滯、火車站擁堵，近乎癱瘓。二〇〇八年初，以不好的兆頭開始。

不知是巧合還是命運，中國A股自從雪災後，也跟著雪崩，斷崖式直洩，沒剎車過，連跌半年到一六二四點，跌掉了七〇％。

我慌了，完全慌了，怎麼那麼沒有道理——跟書上說得都不一樣——會反彈，再下跌；或反彈，再上升。我全慌了，怎麼回事？

要辦奧運會了，中國到處張燈結綵、歡天喜地，怎麼這時候出事？

好幾個晚上，我躺在床上，聽著屋頂的冰雹聲，遲遲無法入睡。我不懂，一切突然不對。我企圖想點別的——寶寶發牙，手肘過敏……但思緒又轉了回來。搞什麼？我再次對天花板提出質疑，同時也問我自己。

責一點嘛，就不會壓力這麼大了。

喃喃回答的聲音嚇了我一跳，那是我自己的聲音，除了沙啞以外，還帶著些許暴躁和不耐煩。我迅速從床上爬起來，那個聲音煩人就算了，最討厭的是，那其實是我自己的聲音。我的內心裡住著一個嘮叨鬼，他用手指著我的頭，然後說：

夠了，小姐。妳有沒有算過，二〇〇八年開春以來跌掉多少錢？台股五〇%，陸股六〇%，腰斬！腰斬耶！不停手？瘋了？

我發出害怕的嗚咽，然後用手摀住嘴。

錢有這麼好賺？現在怎麼辦？還不了債，本金還賠掉大半？神經病，裝什麼B[2]？

---

[2] 「裝B」，意指「裝牛逼」，大陸通俗用語。文雅點翻譯，指「逞強」、「裝做很厲害的樣子」。

「我不賣！」我對著房間大吼，接著看到窗戶裡蓬頭散髮的倒影。我等著嘮叨鬼的聲音出現，可是沒有，於是又躺回床上。如果我賣任何一張股票的話，那就稱不上「長期投資」。但是難道不賣就沒問題？到底該抱著還是拿回一點現金……我該忍住還是繼續？

別放棄，我內心有一個尖銳的聲音喊道。別怕啊，是考驗的時候了，不要賣，不要賣，不要賣。巴菲特，巴菲特，巴菲特。

「沒錯！」我激動地對著天花板喊，「我不賣！死都不賣！可以了吧！」沒有人回答，我不安地翻了個身。

腰斬，妳完蛋了。嘮叨鬼說。完．蛋。

別傻了，我回話，翻身面向另一邊。

再考慮一下。

這倒是真的，這麼跌下去，真看不到盡頭。我沒辦法堅持，也沒辦法放棄，就是不能。

這就是致命的「C」點，二〇〇八年一月至五月，中國A股一路崩洩的「C」點，推著我走向絕境。

圖4.5　2008年1～5月，台灣與中國股市股市走勢圖

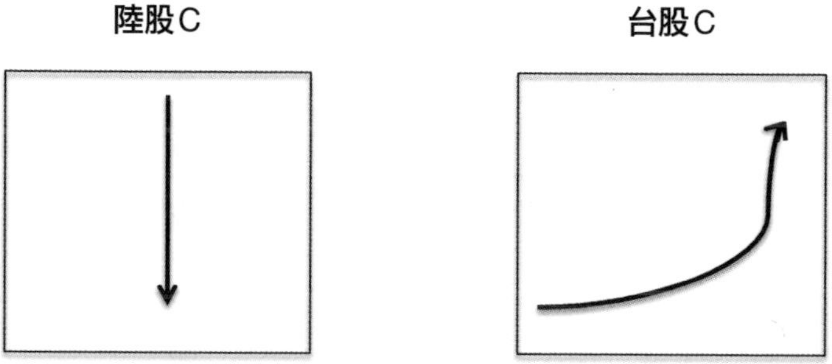

賠掉五桶金

「C」點代表二〇〇八年一月至五月（如圖4.5），中國A股一路崩洩，同時台股卻開始反彈，一路回升。

糟就糟在這五個月，台股「死貓彈」，回到八七九二點，這讓我以為還有機會，堅持滿檔，打死不退。我咬緊牙關，好幾個夜晚，幾不成眠。

A股從五二六五點崩盤，聯詠從一六七元跌到八十元，股市直線下墜。

那五個月，我賠掉了一個一百萬，再一個，再一個……資本繼續縮水，我失去了信心，恍恍惚惚，承受巨變。

垮了？不是，正確來說是「完了」，徹底夷平。

我記得娘家火災那天，十二點電話鈴響，是老公打來的，妳家出事了，失火了，火很大，很嚴重。我想衝出去，顧不得大腿一跨就抖，我很激動，可是什麼也不能做。幾個小時以後，房子不是垮了，而是完了，夷為平地。

這次股災，我差多少就完了？我不知道，但接下來的幾個星期，我幾乎感覺不到傷心。從這一點，加上孩子驚惶的眼神，我知道，我完了。

我夢見一片金黃色的海，金亮的海面，一座爬滿籐壺的嶙峋礁石。一道光籠罩在一切之上，愈轉愈亮。我仰躺著，天空很藍，雲層又薄又淨。海風吹拂，我的水晶酒杯是滿的，因為我已經——富有了？我變富了，不是嗎？故事不應該是這樣的嗎？

我恍恍惚惚，以為這就是地獄，完全沒有料到，一切只是開始。

二〇〇八年七月至十一月（D點，如圖4.6），中股與台股，一致自由落體下墜。台股從六八一五點，直墜四一七一點；中股從三四二六點，直墜一六六四點。我堅持滿倉，狠狠重跌，五百萬元資金灰飛煙滅。股市輕視你的猶豫，不屑你的純潔。給你機會？放你生路？沒人逼你，你哭什麼「自己面目全非」？

我不懂得抽離，不懂得沉澱，情緒擠在一起，交織打結，於是我發怒、生氣、後悔——我自責，自責自己的堅決頑固，讓幾年的奮戰、苛扣節省的家用……通通白費。

圖4.6 2008年7～11月，台灣與中國股市股市走勢圖

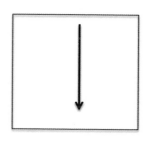

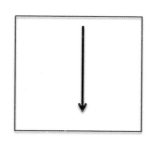

我哭，因為我認為自己比別人拚命；我氣，因為我認為自己比別人努力。就是因為我認為，我認為，我認為……這樣的「自我認同」，造成了「炒股危機」——我被激怒了，徹底激怒。以至對這筆虧損，滿是怨懟。只是個坑而已，幹嘛不哈哈大笑，抖一抖腿，繼續前進？

我不機敏、不清醒、不明察、不冷靜。接下來的幾個月，我放任自己情緒崩潰，心不平靜……真是要命。

哪裡做錯了？

十二月某一天，我開車經過高速公路，眼睛看著前方，周圍似乎出現一層層黑布，圍過來裹住我，一箍比一箍緊。在透不過氣來之前，我奮力把方向盤打歪，不知停住沒有，我猛吸一口氣，突然乾嚎起來，淚流滿面。

高速公路上，汽車呼嘯而過。我在路肩，幾分鐘裡，只是尖叫著、抽搐著、乾嚎著。鼻涕從鼻孔噴了出來。眼角流淌的水，就像從地下道破開的水管，汨汨不停。

哪裡錯了？我不斷劇烈地咳著，幾乎無法停下來吸口氣，身體一陣痙攣，不由自主地向前拱起。

辛苦幾年，一切回到原點。花了那麼多時間跟精力，完全沒有回餽？拜託，誰告訴我該怎麼做，我不是都照書上說的做了？

我兩年極自律地苛扣、節省、記帳。我花了上千個小時，讀了上百本投資書，用了一千五百個小時做筆記、看盤、找資料，記錄每一次股市與基金進出，計算個股與基金淨值，還照巴菲特說的，賺錢之後，做了貢獻與回饋。

我都做到這個程度了，為什麼還是還是賺不到錢？

我問自己，是不是業障很深，命運難解？我問自己，為什麼數年奮鬥，回到原點？

真相是什麼？真實是什麼？

人只要活得夠久，總會經歷一個、甚至幾個萬念俱灰的時刻——前夫再娶、死對頭高升、小三嚣張美艷、初戀娶了空姐——如果看不開，就等著衰神來愛。

人生不是一場掙扎，而是一場遊戲；股市不是一場掙扎，而是一場遊戲。不是自己賺到錢，就是讓別人賺到錢。一〇〇%地投入遊戲，不要對輸錢或贏錢上癮；一〇〇%地投入買賣，對任何一種結果歡慶。拐了入坑，哀嚎兩聲，終點線還在前方，學孟姜女哭什麼勁？要用超越的角度看待股市輸贏。如果沒法放鬆，這麼長的日子，股票怎麼做下去？

我告訴自己，只是個坑而已，別崩潰，別生氣。別讓「自我認同」——我超努力，超認真的——成為自己的「股市危機」。

第5章

房市生機

我投資房市不是衝動行事，在買上海松江兩間房子前，
我已經住在這裡三年，知道這裡的房價跌得非常厲害，
但租住人口沒有下降、租金也沒下跌，
而且星巴克跟麥當勞已經做了市調，不用擔心。

投資股票失利，損失五百萬元

二〇〇八年底，兩岸股市急墜，大雪持續。上海冰封一個月，狂風冷冽，異常淒厲。有時，雲層散去，氣溫驟降，河道凝結成冰，水流不斷，一塊塊碎冰唧嘎唧嘎漂移。

凌晨，我看著銀光閃爍，整個人恍恍惚惚。自責、苦悶、待付的帳單、下墜的股市，推著我逐漸消沉。

我不斷自責，日日夜夜，挫折、憤怒、充滿壓力——別的女人比我強大，別的女人比我聰明，懂得花錢享受，讓家人開心。我那麼蠢、那麼弱，油桶劃線，苛扣節省，卻像耕田忘了播種，最終累出一身汗，翻一地泥，收成是零。

白天，我沉浸在幻想和沮喪裡，吃白水煮麵，喝可樂，不定時吞服藥片，每日午睡；深夜，我靜靜坐著，聽汽船划過河面的噗堵噗堵聲，滿心焦慮。

我想起小時候玩「大富翁」經常作弊，常常一翻「命運卡」，我就賴皮。

「喂！」我喊道，「投資股票失利，損失五千元？」我把卡往桌上一扔，左腳一翹，噘下唇吹起瀏海，一副面臨「保護管束」的樣子，「我從不炒股，重抽。」

「厚，又抽？」我妹抱怨，「上次妳也是這樣！」

我加速翻著「命運卡」。

「賴皮，」我妹說，「再作弊，小心會有報應。」她板著臉，擺出殺價時的威嚴與生氣。

我翻翻白眼，伸伸舌頭，完全沒有想過，預言會實現——賴皮、作弊、早晚會有報應。

這次翻開「投資股票失利，損失五百萬元」命運，真的沒有「重抽」，沒得「重來」，不能「抹去」。好幾個夜晚，我只能躺在床上，一動不動，隨念頭飄移，殫精竭慮。

我閃過幾個點子：一是買金條，等世界金融崩潰，大家心急火燎，我就高價賣出，坐著數鈔；二是換股，剩餘的本金通通下注，重新抓住，等它谷底翻身，業障一筆勾銷！三是……四是……念頭一一閃過，又一一推翻，不行，真的不行。新聞說「現金為王」，我該拿把鏟子，把剩餘的錢埋進地裡，等末日過去。

沒人能告訴我，該押注什麼東西。假如黃金不漲，股市繼續下跌，那麼我會……會死，死得透透的，推進火場，焚燒殆盡。這是玩命。我不確定，不敢再想下去。

行動的一天

十二月底。消沉過後，我隱隱約約感覺到一種蓬勃生氣。

雪融了，河道潺潺流動，鳥兒鳴叫，沒有碎冰。

一天破曉，白樺樹的積雪磅磅墜落，空氣像薄荷一樣清新。我聽見汽船噗堵噗堵的聲音，它沒有恐懼，卯足了勁，加速前進。我突然之間感覺到一種震動，一陣警醒：夠了，我不想再消沉下去。

我像《薄伽梵歌》裡的戰士，被智者吹響的海螺聲驚醒[1]。我的情緒轉化了，感覺煽動了，士氣提昇，內心奮起。

現在不能結束，不行。郭台銘是怎麼說的？「打敗你的不是別人，是你自己。如果你不放棄，就沒有人能打敗你。」我只能信自己，不是嗎？徹底相信。

不放棄，繼續！我非常激動，晃動著手臂，快步朝門外跑去。我大口吸氣，急速吐氣，渴望把清晨的霧氣都吸進肺泡裡，但堆高的積雪絆得我踉踉蹌蹌。一股麻木感從我右邊耳朵揚起，接著，蔓延到整個頭皮。

我決定反擊。拿起戰矛，回到戰場裡。

多年以後，我跟別人講起，總是滿心感慨，稱那為「行動的一天」。那一天，我動了起來！讓行動的火焰焚毀恐懼，消滅懷疑。我走出去，觀察屍橫遍野的戰場。我找朋友聊天，聽聽大家生活的變化。我強迫自己不要躲在家裡，一直後悔，一直哭泣。

印度有句諺語：「你無法掌控行動的結果，但你能掌控行動。」魚上了鉤，只有不扭動，不掙扎，直直朝勾子游去，讓魚線放鬆，才有機會逃命。

行動起來！你要起身、再戰、挺背、迎擊。在你感覺沒有希望、一無是處、失敗、沮喪，不要坐著哭！不要逃離戰場！我已經什麼都沒有了，不是嗎？只有自己了，不是嗎？

❶《薄伽梵歌》是印度史詩《摩訶婆羅多》的第六章。內容在描述畏戰的王子，如何在智者引導下，鼓起勇氣，全心投入戰鬥的故事。在故事裡，當戰士軟弱抱怨的時候，智者會吹起海螺。海螺的聲響又重又沉，震動耳膜，搖動心智。智者依靠海螺聲讓戰士昂揚，鼓起勇氣，回到戰場裡去；這是印度經典中一個轉化的過程，神祕的過程。

動起來！看手邊能做點什麼？什麼都好！開始就好！我不會「回到原點」，我只是「還在路上」。擦乾眼淚，我為自己打氣。只要繼續戰鬥，機運自會綻放。能量就是這麼神奇，轉化就是那麼神祕。

在我下定決心，不再後悔，行動起來的那天，我真正迎來一次機會，一次令人驚嘆的投資機會，事後回想，只能大喊三聲：「哇！哇！哇！」，極度驚奇。

機會到來

那一天出門，跟外界隔離許久的我開著車，沿主街慢慢巡視，眼睛盯著右側建築物。還記得股市下跌前，我的心情好極了；還記得我坐在電腦前轉動圓珠筆，洋洋得意自己的成績無懈可擊。那感覺已經消失。股市瘋狂下跌以來，什麼事都變得不對勁。

我慢慢開過上海松江新城❷中心的建築群：永琪美容美髮、交通銀行、星巴克、松江五金行——我急踩剎車，停了下來。大賣場外的看板上，有個標語讓我不禁心頭一震：

爆款特價房
買房不愁錢
低首付
低門檻
特價房強襲

我看了一下後視鏡，街上空無一人。我把車子停在路邊，低頭看看方向盤，考慮著要不要停進賣場——樂購❸的地下室。後來決定放棄，在附近買杯咖啡就行。

我把車窗搖上，然後走下車。特價房？真不景氣，我踏上人行道時踱了踱腳，抖掉積雪，勸自己別太傷心。不單是我，大家日子都難過，到處打折，東西還是賣不出去……賣不出去？沒什麼了不起。代表什麼？更窮而已，就這麼簡單。窮，代表著那包冷凍

❷ 松江，上海行政區，位於上海市西南部外郊環內，新城區為松江新開發區。

❸ 樂購是松江零售大賣場，隸屬英國TESCO集團，類似台灣家樂福。

特價雞翅；窮，代表著塑膠小手、廉價玩具；窮，代表著付不清的債務、留不住的存款，窮，代表著買不起……我在大雪中站立，一股麻木感竄遍全身。

「李小姐？」一個清脆的聲音問道。

我輕叫一聲，往後退了一步，原來是常去的咖啡連鎖店女店員。

「嚇到妳了？」她的圓臉露出又驚又愧的表情，喊道，「不好意思。」

「沒有，」我說，忍不住喘了一口氣，「我在發呆，天氣實在太冷，我才不好意思。」

「太妃榛果拿鐵開賣了，」那女孩說，「妳不是在等嗎？這是耶誕節前的——」

「——限時商品，」我說。

那女孩笑得更開懷了，眼睛瞇成一條縫，「還不進來？」

「我不能久停，」我舉起大拇指，指向肩後的汽車，「悶得慌出來走走，家裡還有事。本來打算買了就走，沒法等——」

「店裡來了新雜誌，」她開心地看著我，繼續說服，「外頭這麼冷的天，沒人會來開（罰）單，別瞎操心。」

「我……」

「來嘛，」女孩又是哀嘆又是發笑說，「一杯咖啡沒準能讓妳神清氣爽，撞見好運。」

「好運？」我鬱鬱地說，望向她的眼睛。

日子得過下去，人都得租房子

咖啡送來時，我已經讀到《上海樓市》雜誌第十八頁——上海市統計局新聞發布。內容主要講松江地區房市成交量下降，僅有去年的一半，因為政府存款準備金率上調，房地產商面對龐大的資金壓力，房價首見下跌。新聞中提到，「銷售面積」、「新開成屋價格」、「二手房價格」全面下跌，「同比（與前期價格相比）」下降三〇％，「環比（與去年同期價格相比）」下降五〇％，價格崩潰。

我在這一區住了三年，印象中，這區域的房價從未下跌，此時這則報導引起我的注意。

桌腳傳來掃把敲擊的聲音。我放下雜誌，不情願地移開眼睛。以前這本雜誌，我只花十分鐘不到就看完了，而這一整期三十頁，居然讀了一個小時。我定定看著膝蓋和手，發現自己居然微微顫抖。

「怎麼了？」女孩問，「李小姐？」

「沒事。」我心不在焉地說，「景氣很差，什麼都不行！這次真不一樣——房子一間都賣不出去。」

「哪裡不一樣？日子還不得過下去。」女孩淺笑道，我跟著報以微笑。這評語令人想到「隨遇而安，隨緣奉獻」之類的智慧語，這話平時聽來普通，此時卻顯得別有深意。

看到她站在桌前，我好奇心大起。她的表情滿不在乎，彷彿天不會塌下來似的。股災？又怎樣？她的生活不會改變，還是得吃飯、買衣服、租房子。

房子？腦中閃現某個念頭，我眼睛一亮，神色依然平靜。

「有道理，」我點點頭，「景氣再差，日子得過下去。」

「是不是？」她輕聲說。

「哪間好？」我問，然後將雜誌放到桌上，很快地朝她推過去。

女孩笑了，「都不好！我買不起！」

「要不，我買來租給妳？」我問，「算妳半價！」

她展開笑容，整張臉頓時變得明亮起來，「真的？」她熱情地說，「那可好，我爸爸、媽媽、弟弟都來上海跟我住。上海租金可貴了，妳幫幫我，抓緊簽約，千萬別等！」

抓緊簽約，千萬別等。我覺得飄飄如醉，靈光乍現。想到以前看過的窮爸爸富爸爸系列書籍，裡面提到房子是資產，而且先生在二〇〇六年曾於台中買了一間兩百九十萬元的房子，原本是打算偶爾回我娘家時有地方住，平日就租給我妹妹，以租金付房貸，後來實在用不到，就全分成雅房租出去。這個成功案例給了我靈感：手上的錢，可以趁現在松江房價下跌，買房租出去，用租金幫我付房貸。

下定主意，我對她說：「一旦成交，馬上告訴妳。」

她躊躇了一下，低下頭，用指尖翻到下一頁：「就買松江吧，我住附近。」

「松江？」我把眼光移回《上海樓市》。頁首有八個圖表，標題是「上海各區房價趨勢圖」。我低下頭，喉頭哽了一下，右耳那股麻木感又一次蔓延開來。

趨勢圖下方依然是整齊的黑字：松江地區，如圖5.1。

房價暴跌，正在谷底，看那條線哪，谷底。

噢，不會吧！天哪，不會吧！

圖5.1　松江房價趨勢圖

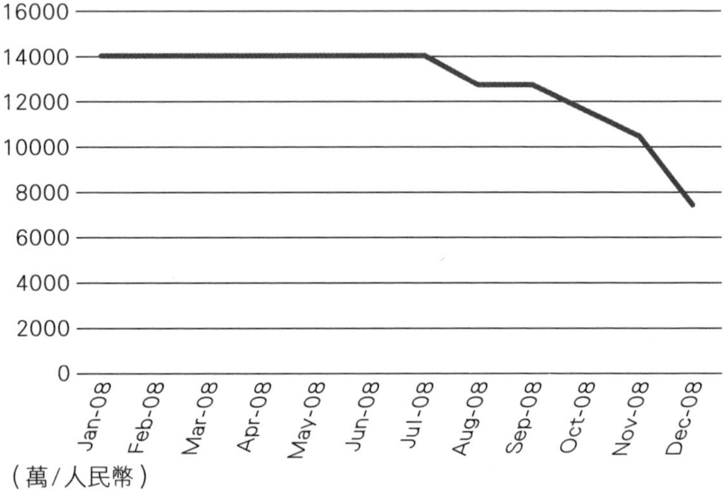

我站起來，眼睛凸出，臉上冒汗，唇上沾著乾掉的奶泡。「喂……喂！」我只來得及吐出兩個字，但女孩已轉身朝櫃台走去。

日子得過下去，人都得租房子。

我感覺心臟突突亂跳。這是上海新興地區，短短一個月，跌掉五〇%？不可思議！我抬起頭，張大嘴，瞪大眼睛。現在該做什麼？靈感又來了，而且比上次還要明亮：動！動起來！我在心底張嘴尖叫：快！快站起來！做點什麼事情！

當天晚上，我清點所有資金。股市賠掉了五百萬元，僅存不多的籌碼零零落落。我一一翻看基金、股票、儲蓄保險、人民幣現金、台幣現金帳戶，左拚右湊，東挪西移，清點剩餘兵力，面對現實，深吸一口氣。

像原子彈轟炸後的廣島，所有帳戶都被引爆、摧毀，高溫燃燒，凹成巨大的火坑，雲氣繚繞。我咬著嘴唇，噙著眼淚，當天晚上，一筆一筆結束帳戶，一筆一筆贖回資金，剩下接近四百萬元。

對很多人來講，四百萬元也許是很大一筆錢，但別忘了，我還有親人的卡債，剩餘一百三十萬元，得用信用貸款分七年攤還。（扣掉負債，真正的淨值，只有兩百七十萬元。）

對我來說，任職科技業的先生，雖然是外人眼中的電子新貴，但他從出社會至今，已經為工作爆肝賣命七年，早七晚十；而我除了生產前的兩年講師收入，之後都是專職家庭主婦，家裡開銷全仰賴先生的薪水與分紅。

雖然科技業收入偏高，但我們背負親人債務，又要養兩個孩子，加上我在娘家火災前根本沒有理財習慣，這兩年資金全都投入股市，生活其實過得非常拮据，不買自住的房子（我們的觀念是房子用來自住等於負債）、不旅行（至當時只有蜜月出國一次）、不買車……這種狀態，非常難堪。

我做的，我選的，我擔。誰叫我把油門一踩到底，然後打滑，磅！撞上分隔島，車頭冒煙，車蓋掀翻。我失去了平衡，一心求快，然後得到了什麼？得到失敗。

一切不快樂的，不平衡的，都注定失敗。敗了又怎樣？我不能跪著，只能站起來。我不想唉，不想哭。現在，方向有了，錢準備好了，靈感浮現，我必須負起責任，執行計劃，讓資金重新動起來。

抄資優生的答案

大雪初融，我穿著雪靴，在住家附近繞來繞去，鼻子凍得紅通通，膝蓋冷到發抖。上海房市一片死寂，房地產幾乎沒人接手。電視新聞每天播報：世界即將蕭條、雷曼兄弟破產、冰島崩潰。所有人像站在一塊浮冰，腳下即將碎裂，恐慌蔓延。我揣著點錢，氣喘吁吁，跑上跑下，東繞西繞，沒有主意。

當時要賣的房子真多——有廚房、小花園、靠捷運、臨大街、面對大公園、知名學區、重點醫院。我該選什麼？哪個重要？哪個不重要？天哪，一片空白！

我從早到晚跑個不停，筋疲力盡。陌生的仲介，陌生的房子，模糊的印象，飄忽的想法，無法決定。

新一輪牌局開始，我得下注。我得想個聰明的辦法，像丟石頭喝水的烏鴉。

我靈光一閃，決定「作弊」。不說了嘛？我擅長「賴皮」，主攻「作弊」。作弊其實很難，它是一種綜合能力，需要擅長交際、耳目協調、反應敏銳、技巧創新。最最重要的是，要坐在第一名隔壁。（地段！地段！地段！）

第一名做了我們沒做的事情——勤奮、用功、整理筆記、背誦、理解，所以他們得到我們沒有的東西：正確的答案。

我現在無法解題？這是因為我沒讀書——不勤奮、不記公式、不會解題，所以不知道房子該買哪裡。

那麼，我該做什麼？坐第一名的隔壁！誰是「第一名」呢？容我介紹兩位「房地產資優生」、第一名：星巴克咖啡、麥當勞！坐他們的隔壁，抄他們的答案，照他們的位置，買我的房子！

我雖然數學不好，但在菜市場看人家做生意可看了不少，從小我就明瞭：商人不做賠本生意。每筆投資都是站上擂臺，跟顧客近身搏擊：直擊、刺擊、轉腰、勾錘、蹬、踹、踢、掃，出拳或格擋，他們像頭猛虎，鬥志高昂，堅不可逆。

商人不靠運氣，只靠數據。開一間麥當勞或星巴克是筆高額投資，他們在擂臺上，會扭動髖骨，迴轉肩部，猛然擒抱你的腰部，讓你轟然倒地，死也要贏。

這種高級格鬥手，除了筋肉突起，氣勢威武，還有冷靜的頭腦，精密的戰術。而麥當勞、星巴克，是高級格鬥手中，技巧最豐滿、速度最頂尖的「神手」，在「餐廳零售業」，對「人」的一切資訊，滿點KO[4]。

開店之前，他們會認真搜集附近住了多少人？男女比例？平均收入？得出精確報告。他們會觀察交通動線，消費者上班、買菜、送小孩上學、做指甲、上健身房是不是順路？好不好停車？方不方便買漢堡，以此去評估交通動線。

然後，最強的一招，他們要「預見未來」，在一片還有成長潛力，可能會開curves健身房、美華泰、隨緣素食、摩斯漢堡的地方插旗為王，讓店面互相襯托，確保區域活力愈來愈強。[5]

看到這裡，試著回答以下問題：

如果麥當勞跟星巴克選了同個區域，互相開在斜對角、隔壁、前後、左右，這代表什麼意思？

精確的人口數據、便利的交通動線、區域的發展潛力——三個重要分析，三個重要報告，三個關鍵答案，他們解了，有答案了，快抄！

接下來的一個星期，我以麥當勞及星巴克的交叉點為中心（如圖5.2），半徑式搜房，開始押注，現在房市沒什麼人進場，價錢都差不多，因此只要是這地段就行，重點在於買了要能立刻租出去。

我掏光了每一塊現金，銀行帳戶歸零，然後再信用貸款一百萬元台幣、友情貸款五十萬元，全額付款（當時房貸利率是八％），在X點、Y點買進兩間房子，每一塊錢，梭哈[6]

---

❹ KO，knock out（擊倒）縮寫。拳擊術語，動詞。指拳擊選手將讓人擊倒，使對手失去知覺，取得完全勝利的意思。

❺ 美・羅伯特清崎，《富爸爸房地產投資指南》（海口：南海出版社，二〇一一），頁二〇四。

圖5.2 上海松江區地圖，麥當勞與X點重疊。

下去。

一個月後，我拎著一個牛皮紙袋離開「上海市房地產交易中心」，紙袋裡是蓋着官防[7]的房產證明。

如此衝動買下東西，我通常會有點後悔，又有點慚愧。但這次不一樣，我完全豁了出去，下手迅速而堅定，仲介甚至請我再來一趟，說附近還有幾間，再考慮考慮。

真的不怕？如果景氣再壞下去，妳打算？噓！

萬一？噓！噓！

房子如果跌了？閉嘴！

再跌呢？叫你閉嘴！

我期待能把這聲音關在大腦裡。

「不管了。」無所謂，我全豁出去。房子剛買一週就租出去了，現在我要等待奇蹟。

兩間房在半年內漲了三百萬

事後證明，那是一場「滿貫全壘打」[8]打擊。

我買房三個月後，中國宣布四兆人民幣QE，拉動GDP。貸款寬鬆，資金氾濫，二〇〇九年，松江房價只下跌五個月，然後爆漲飛升。那兩間房子在房價反彈中，半年內漲了三百萬元台幣。

---

❻ 賭博時，全部壓上，買定離手。因為籌碼全離手，手心就露出來了，所以叫梭哈（show hand）。

❼ 官府印信。

❽ 「滿貫全壘打」，指打者在一壘、二壘、三壘都有跑者時，打出全壘打，能一口氣得到四分。

後來租金持續以一年一二%的漲幅不斷反饋，最終持有五年，我以兩倍（二〇〇%）售價賣出兩筆房產，打了一場跌宕起伏、絕妙精采的「五局下半」。

整個過程就像神蹟，我像從沒游過泳的人，「磅」地一聲跳進水裡，死命撲騰、張手亂划，竟然絲毫不怕滅頂。

我在沒有人指導的狀態下做了決定，但才遭遇股市慘賠，記憶猶新，憑什麼義無反顧？我對此感到好奇，似乎有什麼看不見的心智在背後運作著。

暢銷作家麥爾坎·葛拉威爾（Malcolm Gladwell）在《決斷2秒間：擷取關鍵資訊，發揮不假思索的力量》這本書裡曾討論過這個狀態——隨性而直覺地做了決定，他稱之為「自然連貫、無法言喻的認知力量」，混亂卻精準無比。

醫生、消防員、戰隊指揮官、籃球員、期貨交易員，往往需要快速模擬現場狀況、瞬間判斷，隨即行動，這種直覺式的決策講究分秒必爭。像埋伏即戰的游擊兵，隨戰隨斷、隨攻隨守，不理性、不條列、不篩選、不分析。

作者在書裡提到：「我們要掌握主動權，我們也要失控！」如同戰士憑藉洞悉到的事實見機行事。

這是混亂卻有效的決策方式，它讓你不被理智、邏輯控制，例如世界經濟崩潰↓銀行倒閉↓多年才能恢復元氣，現在買房↓套牢到西伯利亞去。只要陷入邏輯，在裡面繞圈，你就會軟弱恐懼。有些戰鬥必須透過「閃念」跟「頓悟」解題，就像籃球選手，如果在比賽中深思熟慮，運球就不流暢，攻擊就不敏銳，能力就會削弱。[9]贏，要贏在混亂、直覺、失控、沒有邏輯。

我投資房市不是衝動行事。在買松江的兩間房子前，我已經住在這個區域長達三年，對於這裡的價格熟爛於心。我知道，房價跌得非常厲害，但租住的人口沒有下降；我知道，租金一點也沒下跌；我知道，星巴克跟麥當勞已經做了市調，不用擔心。

戰爭，往往被霧氣繚繞；戰爭，永遠不可預見，無章可循。相信你洞悉到的，更大的東西——股市再怎麼崩盤，日子總要過下去。打破常規，不要陷入分析——新屋開工率、二手房成交量、人口遷入數，如此才能成為一個戰士，直覺地推測，迅猛地行動，予人致

[9] 此比喻出現在麥爾坎．葛拉威爾，《決斷2秒間：擷取關鍵資訊，發揮不假思索的力量》。

命一擊。

「這個世界是如此殘酷，卻又如此美麗」，我以日本漫畫《進擊的巨人》名言，願每個人理性、敏銳、集中、精準，擁有直覺的生命力。

十年十套房子

我們家第一次買房，是在我娘家火災後。

當時主要買來租給我妹妹，同時讓我回娘家有地方住，但沒多久我跟先生就到上海定居，這房子的三個房間後來全租出去，再以租金付貸款，除了頭期款與相關稅金之外，我們幾乎不用為房子付任何錢，而我這十年買房也都是循此模式。我們第二間房子就是買在前一篇提到的上海松江區。截至目前為止，我在中國與台灣共計買了十間房子，都沒賠過錢，反而還賺了數千萬元。

我是如何辦到的呢？根據這十年來買房、看過數百間房的經驗，我把房地產分成A、

B、C、D四個等級，而且只買C級房，屢試不爽。

在我的分類中，A級房指屋齡低於十年，屋況極佳，有健身房、游泳池、圖書室等公共設施的房子。外觀整潔，管理監控設備齊全，住戶素質整齊，收入接近，多為自住。A級房是許多首購族「一眼看中」的標的，但它的房地產投資回報率最低，因為新，所以房價最高，若買來租人，房租可能低於每月房貸，並不划算，在購屋市場低迷時，最易蒙受降價損失。

B級房的屋齡介於十到二十年，屋況堪稱良好，沒有漏水、管理問題、租客穩定。周圍有菜市場、圖書館、公共運動場、小型市集。租住在B級房產的人，租金不高、生活便利，大多數頭期款不足，是無法購買新房的人第一首選。

C級房屋齡介二十到三十年之間，屋況普通、偶有漏水。周遭環境髒亂、社區管理不佳、租住者收入偏低。

D級房屋齡超過三十年，房屋急需修繕、水管暴露損壞、屋頂坍塌、電路損壞、長期無人居住。需要花大錢整修才能入住。這類型房產通常居於山區、產業沒落地區。

這四種房子中，根據我的經驗屬C級房最有利可圖，因為它容易被市場「低估」。我的方法是，買進被「低估」的房產，整理、修繕問題，就能提升房產價值，創造穩定獲利。以房子來說，通常撐不到五十年。一個二十至三十年的房子，相當七十歲的老人：漏水、外牆剝落、裝修老舊……讓人卻步，不容易賣出好價錢。這時，你該一眼看中它們的潛力。

我曾經買過一套屋齡近二十年的公寓，屋內地板居然鋪上「豬肝色地磚」，每個看房的人，一踏進客廳，就像踏進了屠宰場的內臟池一樣，皺著眉頭，連主臥都懶得走進，非常不討喜。

這是一套典型的C級房：裝修令人反感、屋齡稍舊、公共設施只有大型垃圾桶、入門沒有寬闊中庭，但五百公尺內就有菜市場、幼稚園、醫院、小學、便利商店，生活機能非常齊全。在我買它之前，房主已經銷售八個月，乏人問津。議價過程中，房主因為銷售期拉長，早就失去信心，最終讓步以低價成交：三十八坪，十七年屋齡，兩百九十萬元台幣。

買進後，我只在豬肝色的磁磚地板上，花三萬元鋪上白色仿木塑膠板，再刷白牆壁，房子馬上亮了起來，顯得潔淨清爽，通風舒適。這間房子馬上租了出去，月租金一萬一千元。一年後，這間房子的估價已達三百五十萬元。

只要解決C級房產的小問題，花點小心思，好好整理，它的價值很容易提升上去。

那麼，如何尋找C級房產呢？

第一步，我會先找住家附近的地圖，查出附近的工業區、加工區、工廠在哪裡？比如我住在竹北，知道附近有湖口工業區、竹北工業區、新竹科學園區。

第二步，徒步勘採這片區域，感受當地的生活機能與居住環境。

第三步，從中尋找C級房，比如裝潢陳舊、漏水、空置、破敗、雜亂、玻璃壞損、牆壁剝落等。

在決定買房之前，我會先計算房產的「現金回報率」，公式如下：

{（房租－每月還貸金額）×12}÷頭期款

如果一套C級房，買進價三百萬元，頭期款二〇％，共計六十萬元。每月租金收入一萬兩千元。貸款二十五年，利率二％。頭三年還息不還本，每月還貸款四千元。則這套C級房產的「現金回報率」為：

$$\{(12000-4000)\times 12\}\div 600000=0.16=16\%$$

一六%就是這套C級房的「現金回報率」。而我自己的「現金回報率」標準如下：

1. 小於一〇%：不合格。
2. 一〇%～二〇%：合格。
3. 大於二〇%：極優秀

二〇一〇年，我曾在宜蘭羅東看中一套C級房，它的售價是兩百二十五萬元，頭期款四十五萬元。買進之後，我的租金是八千五百元台幣，貸款一百八十萬元，寬限期兩年（只還利息，不還本金），分二十五年攤還。沒有管理費、沒有其餘公共費用，頭兩年每月還貸三千元。當時我計算出的「現金回報率」為：

$$\{(8500-3000)\times 12\}\div 450000=0.146=14.6\%$$

「現金回報率」為一四．六％！

兩年後，我的租金上浮至九千元／月，每月還貸為九千元／月。仍然完全沒有還貸壓力（租金全抵房貸，並且扣除本金。）而現金投報率仍計算為：

｛（9000－3000）×12｝÷450000＝0.16＝16％

一六％就是這套C級房的「現金回報率」！

再兩年後，這套C級房產售出。成交價是三百二十萬元，我從這套房產獲利為：

三百二十萬元（最終售價）－一百六十五萬元（剩餘本金）＝一百五十五萬元

我只投入四十五萬元，而我的最終獲利率為：

一百五十五萬÷四十五萬＝三四〇％

三四〇％！只花了四年！可見其驚人的潛力。

在買房投資出租的過程中，我還學到了幾個重點：

一、不要期望房市上漲，由內而外地提升房產價值會更有效，像我在上海還有一間房，因為重新裝潢得很漂亮，租金可以比附近房租高了兩三成。

二、出租管理很重要，一定要讓房客感到幸福！

俗語說：「人兩腳，錢四腳。」從小在菜市場生活的經驗告訴我，做生意只要有人潮，就會有錢流進來，放在房地產投資也是如此，而用他人的錢滾錢，更會少做十年工。雖然我在股市跌了一大跤，卻在無心插柳的狀況下，從房市賺了回來，這個五百萬元買來的教訓，值得！

第 6 章

再戰股市：用市場做生意的角度選股票

剛開始，投入股市的金額不超過本金三〇%。
等經驗累積夠多，再投入更多資金（五〇%或六〇%）。
切記注意買進的資金比例：
大盤點數愈高，持股比例愈低；
大盤點數愈低，持股比例愈高。

正是「笨」，讓我變得強壯

二〇〇九年，買了上海松江房子之後半年，我們因為老公工作調派，舉家搬到山東煙台。我在靠近渤海灣的地區，租了一間十五個榻榻米大小的房子，客廳有落地窗，可以看海。

那年秋天，渤海灣結冰。我們學會敲碎車窗上的冰，澆灌熱水，讓車窗玻璃能看清。為了不讓車輪打滑，我甚至學會操縱方向盤，邊鬆邊緊，滑著冰剎車前進。

我有太多時間，和孩子一起待在漏風的房子裡玩躲貓貓。我們裹著圍巾，冷得要命，總是可憐兮兮望著窗外大海，聽汽船噗嘟噗嘟滑過海面，劃出一道道又長又白又亮的痕跡。

我享有大把時間，我改變投資風格，重新操作，一步一步在股市裡練習，成績不錯。簡單來說，娘家二〇〇六年那場火災的三年半後，我用全新的心法，全新的選股，再操作三年，讓股市裡的資金足足翻了一倍——賺了三百萬元。

初到煙台那半年學到的東西，像武功「心法」一樣，一路陪著我，形成牢不可催的風格，與我的「炒股上身」對象，緊緊結合，堅不可破。

凡操股票者，無人不被「上身」，或想像自己是「獵豹」，或想像自己是「鱷魚」，總之是「大型肉食動物」，又猛、又快、又狠、又屌，殘暴得不得了。

想像自己撕裂、擺尾、飛撲、鎖喉，足以煽動殺氣，鼓舞士氣。讓人迅速、有力，不再猶豫。因此，許多男性初投資者，往往一臉「陶醉」的樣子。

我的「上身」對象：是「鯨頭鸛」。那真是一種特別、稀有鳥類動物，在操作時，令我滿是朝氣。

「鯨頭鸛」黑皮大嘴，身高一百四十公分，面相醜陋，腦重量不及一塊奧利歐餅乾，極蠢、極醜、極笨，但有兩個獵食特色，極度性感，非常有風格。

出於一種純真的天賦，「鯨頭鸛」像按了「暫停」鍵，在沼澤邊能靜止幾個小時，一動也不動，千葉動物園稱之為「不會動的鳥」。

一旦出擊，鯨頭鸛「咻」！地張開翅膀，歪歪斜斜地大字撲倒，用嘴往泥沼一鏟，胡吞泥巴、泥鰍、小魚、樹枝……以及一隻鱷魚（牠真正想攻擊的食物），塞滿嘴喙，亂甩一通，直到甩空，剩下的那隻鱷魚，咔嗒！斬首。

牠「hold」、牠「鏟」、牠「甩」、牠「斬」，姿態滑稽，殺法奇特，霸氣外露。這是我的「上身」動物，也是我的風格——我不是MBA，沒有格子衫，金袖扣——但是我能「等」、敢「撲」、會「甩」、一咬讓鱷魚斷頭。

正因為「笨」，讓我與「笨」掙扎的過程中，學到了更多。我是鯨頭鸛，腦容量就像一塊奧利歐餅乾——不會「數學」，不懂「報表」，算不出「機率」——只能強迫自己思考、簡潔地推論，以弱者的身分認真去聽、去理解。正是「笨」，讓我變得強壯和殘暴。

這滑稽的風格，驚人的觀點，簡潔的信心，與我開始領悟到巴菲特價值投資法，有著千絲萬縷、纏綿糾葛的關係。

巴菲特的ROE概念

在山東時，我讀了許多投資書，包括《彼得林區選股戰略》、《價值的魔法》[1]、《歐尼爾投資的24堂課》、《智慧型股票投資人》，以我的理解力，有些似懂非懂。其中，影響我最大的是《巴菲特選股神功》。

圖6.1 打動我的巴菲特心法

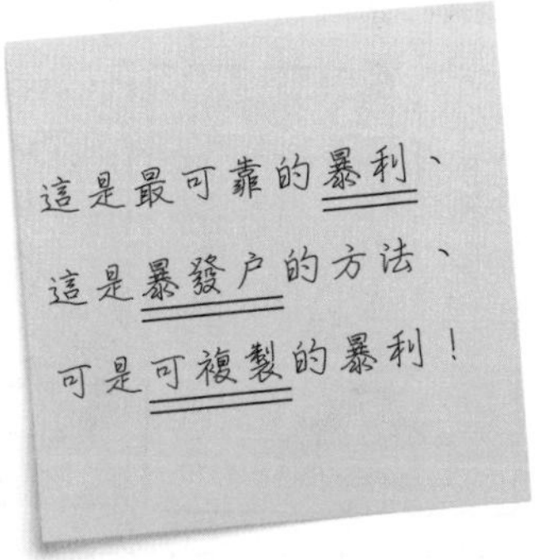

《巴菲特選股神功》的封面有漫畫，上面寫著——看漫畫學投資。封面下方用黑色油墨工整地印著：

全世界第一本把巴菲特心法化為實戰技巧的武俠漫畫

窗外狂風猛烈，冰雹擦刮著玻璃，我興味盎然地翻着書，暫時忘了冷。

下一頁正中央，黏著一張3M便利貼，上面的字跡歪歪斜斜，畫雙線突出重要字眼，如圖6.1。

我抬起頭，動也不動，但喉頭哽了一下，覺得五臟六腑都在翻攪。

❶ 美・托馬斯・奧，《價值的魔法》（北京：中信出版社，二〇〇九年一月。）

圖6.2 改變我對股票看法的ROE

註：本書ROE的算法ROE=稅後淨利/期初淨值，跟會計上的不同，會計上的定義是ROE=稅前淨利/[(期初淨值＋期末淨值)/2]，因為我們是以投資的角度來看，把公司視同一支基金，張忠謀也是基金經理人。我們想知道在期初交給他一筆錢的績效如何？所以不僅用期初而非平均淨值當分母，連稅也捨去不計，只計算稅後所得。若以年來計，期初＝今年1/1＝去年12/31

各位同學，選股主要看ROE喔！
可是一般不都在看EPS嗎？看獲利的成長性啊！
嗯嗯，看EPS會有盲點。
EPS
EPS
單看EPS無法辨別成績好壞，
EPS三元與二元，誰的獲利能力好？
當然是EPS高的比較好。
那可不一定喔！
還要看投入成本多少？

10元
5元
若是用十元賺三元，就不如用五元賺到二元
成長往往只是基期較低而已，而非真的好。
上次考二十分，這次三十分，雖然有進步，但仍是不及格。
我進步很多喔
你仍然不及格啦！
30分
20分
我是第一名！
反觀，兩次都考九十分的人，分數一樣，卻是第一名。
90分
90分
各位同學這樣了解嗎？
好像有人不懂，沒關係，我們到池塘邊看鵝去！
啊！外面的空氣好多了。

成長不一定有價值
花一百元買一隻鵝，生了三十元的蛋。
獲利不錯，再買一隻。
$100
$100
$100
這次只下了二十元的蛋…
總獲利雖然增加了，從三十元成長到五十元，
總獲利
價值
啊！
可是投資價值卻下降了
世上沒有永遠成長的公司，
嘓
就像鵝不能無止境長大一樣
太誇張了
卻有長期維持高ROE者。
咚！
咚！
看成長性投資，不易長期
只會跑短線，在高成長股間跑來跑去。
唉！我就是站在這山看那山小！

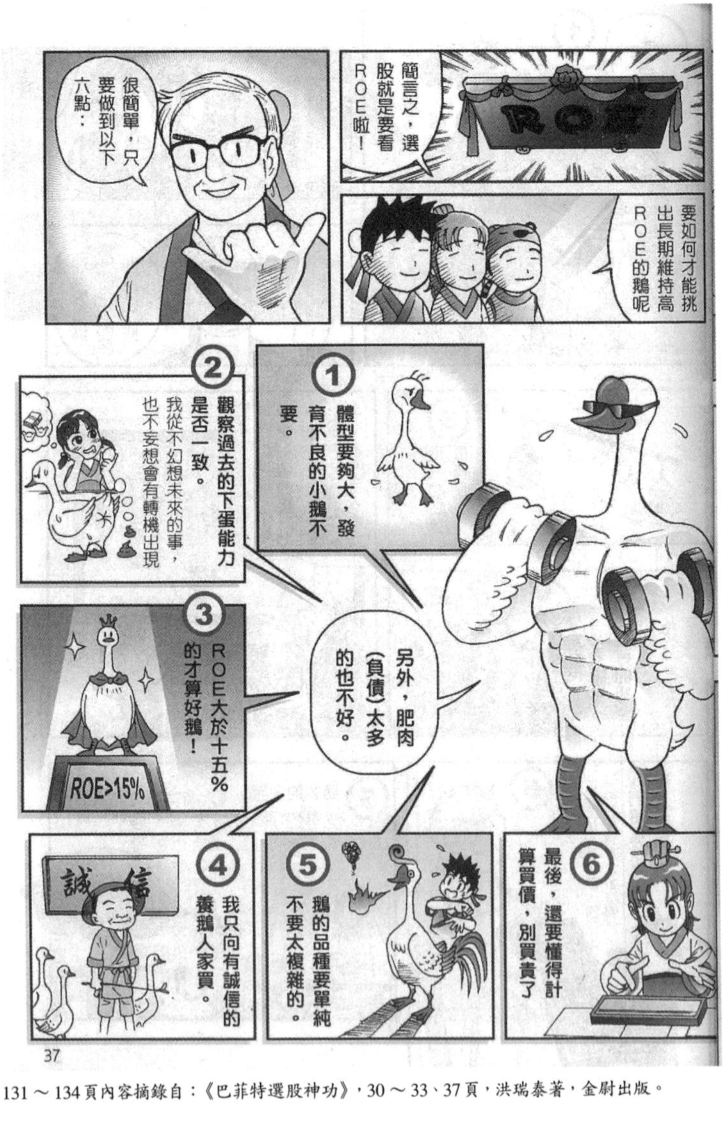

131～134頁內容摘錄自：《巴菲特選股神功》，30～33、37頁，洪瑞泰著，金尉出版。

可靠？太好了，我要。

暴利？噢，我要。

可複製的？真的？

巴菲特心法？該參考參考，也許一直以來，我都沒搞懂……

是啊，沒真懂過。接下來的這幾頁，引起我的注意。

好奇感漸漸湧上心頭。在「重點整理」空白頁下，我用潦草的字跡寫下心得：

1. 高ROE（高於一五％）。
2. 低價買進。
3. 長期抱。
4. 賺大錢。

「R．O．E？」

我喃喃自語，用抖動的手翻動書頁，其中一頁畫著幾隻大胖鵝，排排坐好，背上寫著「中碳」、「可口可樂」、「寶鹼」，正往輸送帶下蛋。

我突然電光一閃，頓悟書裡的意思。

菜市場裡的涼水攤與豬肉攤

我混菜市場的，不混假的；我開過店的，有實戰過。

菜市場賣什麼最賺？「涼水」最賺。以前媽媽跟我說，賣涼水的阿良，透天厝不知道連天邊了沒有。

我也做過生意，比賣涼水的阿良還賺的生意——抽抽樂——基本算開個賭局。

我九歲喔，揣著五十塊錢，走路到柑仔店，花三分鐘就批發一片抽抽樂。籤紙很長，我還得踮著腳尖，手舉高高，拿回家裡。

我家門前有個騎樓。挨個小角落，擺張凳子，放個碗公，招牌沒擺，吆喝免喊，生意紅火。有個四歲的小男孩，抽了一張再一張，然後回家拿錢，再抽，跟吸毒一樣，不停地抽。呆頭鵝川流不絕，莊家心照不宣。抽抽樂黏著五百張籤紙，撕一張一元。其中四百八十四張是「銘謝惠顧」，一張頭獎是一百元，兩張二獎是五十元，三張三獎是十元。頭獎、二獎、三獎，當天不知道為什麼，一直開不出來。

那天下午，我累了，想吃飯。捲一捲籤紙，伸一伸懶腰，數一數硬幣，驚地深吸一口氣——免租金、免押金、免設備——我賺了三百五十元，創造史上最大暴利事業，一日之間，資本翻了六倍（（350 − 50）÷ 50 ＝ 6 ＝ 600％）。

我憑什麼翻六倍？阿良為什麼賣涼水可以買透天？我投入的成本低，錢生錢的速度快！專業一點講，錢生錢的「效率高」！資本運轉「效率高」！

我用一個碗、一張凳子，加上五十元的抽抽樂，賺到三百五十元。

我的資本運轉效率，就是淨利三百元（三百五十元扣掉五十元）再除以五十元的抽抽樂成本，得到的答案是六，也就是六〇〇％。

這個六〇〇％，就是ROE，它指的就是「資本運轉效率」。

在《巴菲特選股魔法書》裡，我學到選股要看ROE。

舉例來說，你拿著二十萬元本金，在菜市場開店。如果賣阿良的涼水，一個月淨賺三萬元；開個豬肉攤，一個月淨賺五萬元。我要做哪一種生意？應該怎麼選？（為了賺更多錢，一般人大概會選豬肉攤！）

涼水攤：三萬÷二〇萬＝〇．一五＝一五％

豬肉攤：五萬÷二〇萬＝〇．二五＝二五％

但是，如果我賣涼水，還是投二十萬元；開豬肉攤，卻要投兩百萬元；本金不一樣，涼水攤一個月賺五萬，豬肉攤也一個月賺五萬，我要投哪間？

涼水攤：五萬÷二〇萬＝〇．二五＝二五％

豬肉攤：五萬÷二〇〇萬＝〇．〇二五＝〇．二五％

涼水攤啊！我心想。**原來這麼簡單！**

投資不是盯著「利潤」就好，要看「用錢的效率」——是不是把錢花在刀口上，能不能長期經營、用錢滾錢。

如果我能投資一個錢滾錢有效率的小攤位——像涼水攤這種，我就能年年坐領分紅、參與成長（也許開第二間、第三間？）幾年過去，我的二十萬元就會長大，就會滾滾流進現金，就賺大錢。

看ROE。

股票是鵝，EPS（每股利潤）是蛋。選好股票，就像在挑鵝——要注意體型大小，要觀察生蛋頻率——既要吃得少，又要下得多、下得穩。

我投資，是為了要賺大錢。

我投資，是為了把錢投進會長大的涼水攤。
我投資，是為了把錢投進會謹慎用錢、認真經營、慷慨分紅的公司。
我投資，是為了錢滾錢。
選股要看ROE，對吧？我選股，就跟在菜市場選生意一樣，這標準就夠了。

實際操作ROE

十二月一日那晚，嚴重的暴雪終於平息，渤海灣開始結冰。我足不出戶，學股票是唯一能做的事，所以我專心一致，試著用書裡的觀念，一步一步，一間一間，像在海邊翻著石頭找螃蟹似的，側頭，翻開，一個又一個，耐著性子，沉住氣。

第一個禮拜，每天從網站上研究股市資料十二個小時，從早上八點一直看到晚上八點。方法非常「笨」，非常「慢」，非常「土法煉鋼」，卻很有幫助。

圖6.3　台泥走勢圖

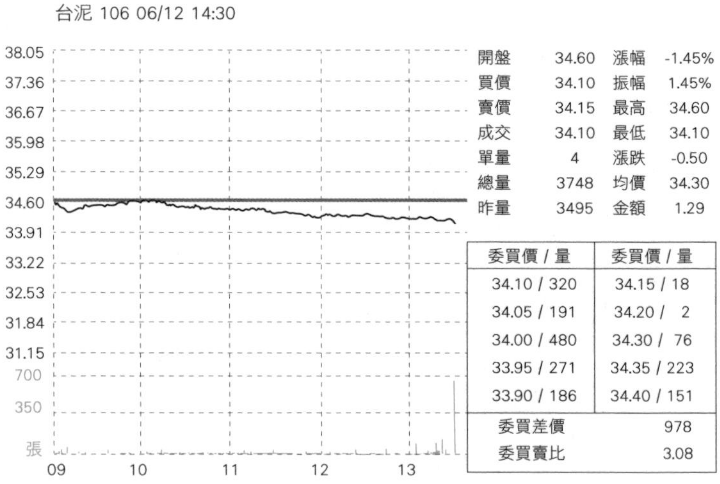

第1步：進入YAHOO奇摩股市首頁。

第2步：點進網頁右上角「當日行情」頁面。

第3步：從「集中市場當日行情表」中，點選第一個產業別「水泥」。

第4步：從水泥類股中，點選第一個台泥（1101）的頁面。

第5步：你會看到如圖6.3的台泥當日開盤後的股價圖。

第6步：點選台泥走勢圖右上角的「基本」圖示，會出現台泥的公司資料頁面，在便利貼寫下台泥的「每股淨值」與「最近一年（一〇五）的每股盈餘」，如圖6.4。

第7步：接下來，把台泥的「每股盈

圖6.4台泥公司資料

公司資料			
基本資料		股東會及105年配股	
產業類別	水泥	現金股利	1.45元
成立時間	39/12/29	股票股利	-
上市（櫃）時間	51/02/09	盈餘配股	-
董事長	張安平	公積配股	-
總經理	張安平	股東會日期	106/06/28
發言人	黃健強		
股本（詳細說明）	369.22億		
股務代理	中信託02-66365566		
公司電話	02-25317099		
營收重比	水泥及熟料62.12%、預拌混凝土37.88%（2015年）		
網 址	http://www.taiwancement.com/		
工 廠	和平、蘇澳、花蓮、福州、英德、貴港、句容、台[illegible] 花蓮、柳州、安徽等廠		

獲利能力（106第1季）		最新四季每股盈餘		最[illegible]
營業毛利率	14.16%	106第1季	0.23%	105年
營業毛益率	9.17%	105第4季	0.49%	104年
稅前淨利率	7.91%	105第3季	0.63%	103年
資產報酬率	0.58%	105第2季	0.54%	102年
股東權益報酬率	0.79%	每股淨值： 30.39元		

台泥（1101）
①每股淨值：30.39
②105年每股盈餘：
1.72

餘」除以「每股淨值」，得出的數字五・六％就是台泥的ROE，如圖6.5。

還記得「ROE」是什麼嗎？「ROE」就是「資本運轉效率」，也就是「錢生錢的效率」。所以「台泥」這間公司的資本運轉效率為五・八％。

你也許會問，為什麼「一〇五年每股盈餘÷每股淨值」能算出「台泥」的「錢生錢效率」呢？因為，「每股淨值」，就是「鵝」，就是「碗＋凳子＋五十

圖6.5　台泥民國105年的ROE

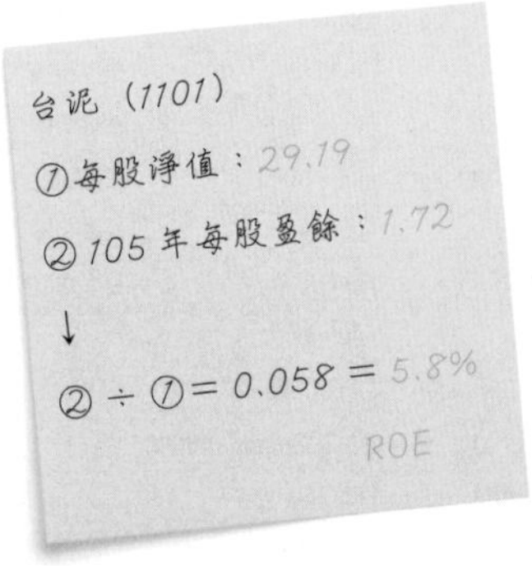

元抽抽樂」；「一〇五年每股盈餘」，就是「鵝蛋」，就是「抽抽樂賺的三百元」，就是「生出來的錢」。

我把獲利三百元÷五十元＝六〇〇%；「台泥」把（每股淨值）÷（每股盈餘）＝五．八%。我效率這麼高，台泥效率這麼低，不忍直視。

搞不好，一時失常而已。我義薄雲天，行俠仗義，總要爬梳爬梳，算出前面幾年的數字，了解情形，還他個清白公允。

於是，我再回到圖6.4的台泥公司資料頁面，算出他們一〇四年、一〇三年、一〇二年的每股盈餘數字，重新算出每年的ROE數字。

結果發現「台泥」的「ROE」一〇三年還高到一〇%，一〇四年突然下跌一半，來到五．三%，一〇五年掙扎一下，還是停留在五．八%。「台泥」葛格麻煩大了。記得嗎？「ROE」低於一五%（台泥還連續四年低於一五%）的公司，不是好公司。

「台泥」不合格，因此它的兩張黃色便利貼會被揉成一團扔到地上，出局，完畢。

接下來，我會從YAHOO奇摩股市的「當日行情」的「水泥類股」中，從下一個「1102亞泥」開始，重複前面步驟的檢查算出亞尼的ROE。之後是1103……一直到水泥類股檢查完畢。

接下來的一個月裡，我從台股第一間看到最後一間，將近上千間公司全都被我算過一遍ROE。

這段時間，我的生活簡單到不行。早上起床，一罐鮪魚罐頭配玉米粒，八點鐘吃完早餐，我滑到桌前，打開電腦，開始檢查股票的ROE（淨利／淨值），做成一張又一張便利貼，再一張張揉掉，扔在垃圾桶裡。

下午，我開始讀投資理財書，學著了解「淨值」、「每年盈餘」、「遞延資產」、「經常獲利」、「特別損失」、「稅前淨利」、「資本公積」、「流動資產」這些名詞，同時做筆記。

傍晚五點，我會做簡單的晚飯；七點鐘，再次記錄心得筆記，抄寫ROE。等眼睛酸澀到開始流淚，我再緩緩滑開椅子，回到臥室，咚地四肢攤開，倒在床上，等腰痛的感覺散去。

第二天起來，又是一樣的行程，第三天、第四天也是。每．天．都．是。不全部看完，我不會停。終於，讓我找到完美的對象，兩個帥氣的王子……（見圖6.6與6.7）

尋找讓你心動的ROE

圖6.6 正新96～99年的ROE

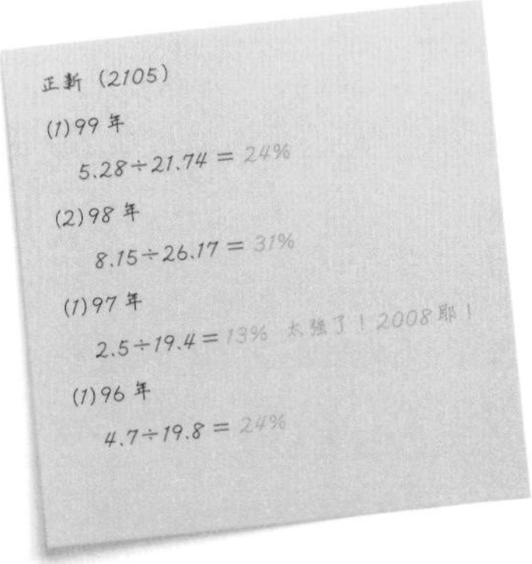

正新（2105）96～99年的ROE是24、31、24……，大統益（1232）96～99年的ROE是23、23、18、23……真是美好得如精實的六塊肌。……我想不顧一切，約他出去；但我不能衝動，切不能以愛為名……

這個時刻，我不得不壓抑。我冷靜下來，重新琢磨，調查這些「對象」是否慷慨大氣。說到底——男人會賺錢是一回事，如果不給我花，一切豈不白搭？選股票也是，就算這家公司很會賺錢，分紅卻很小氣。花不到他的錢，守著它又何必？

想通這點，我深吸一口氣，啟動火眼金睛：

第1步：從YAHOO奇摩股票頁面，在「股票代號名稱」，輸入「2105 正新」。

第2步：點選正新，出現股票走勢圖。

第3步：點選右上角「基本」，跳出「公司資料」。（如圖6.8）

圖6.7 大統益96～99年的ROE

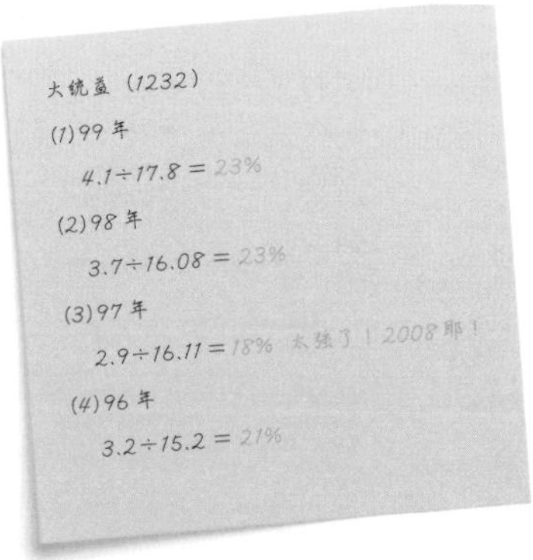

第4步：檢視去年「每股盈餘」，並且將數字紀錄在便利貼上。（如圖6.8）

第5步：然後，停留在同一頁，點選左上角「股利政策」，按下去。

第6步：停在股利政策頁面，填上同年分紅數字（98年每股分紅。見圖6.9）。

第7步：把②除以①（見圖6.10）

第8步：得出〇．五五，亦即五五％。這個數字，就是正新的「分紅比例」。（如圖6.10）

圖6.8　正新公司資料

公司資料			
基本資料		股東會及105年配股	
產業類別	橡膠	現金股利	3.00元
成立時間	58/12/29	股票股利	-
上市（櫃）時間	76/12/07	盈餘配股	-
董事長	羅才仁	公積配股	-
總經理	羅才仁	股東會日期	106/06/15
發言人	羅永勵		
股本（詳細說明）	324.14億		
股務代理	元大證02-25865859		
公司電話	04-85255151		
營收重比	輻射層汽車外胎46.33%、輻射層卡車外胎16.27%、機車外胎13.62%、其他輪胎12.73%、自行車外胎7.60%、內胎5.06%、其他製品1.12%、其他1.11%（2015年）		
網　址	http://www.cst.com.tw		
工　廠	台灣彰化/雲林斗六、大陸天津/昆山/廈門/重慶/漳州、泰國、越南、印尼、印度		

獲利能力（99第1季）		最新四季每股盈餘		最近四年每股盈餘	
營業毛利率	21%	99第1季	1.73	98年	8.1元
營業毛益率	70.16%	98第4季	2.02	97年	8.4元
稅前淨利率	70.16%	98第3季	2.61	96年	4.3元
資產報酬率	4.79%	98第2季	2.46	95年	1.6元

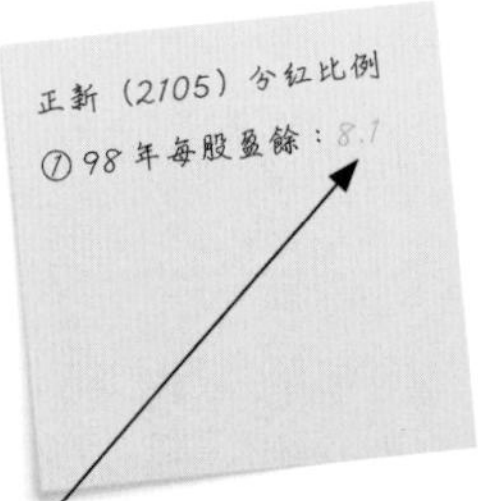

「分紅比例」是什麼？打個比喻：ROE就像一個男人賺錢的效率，「分紅比例」就是分給太太的零用錢，讓我買保養品、衣服、出國旅行，也就是我能自由動用的錢。

男人會賺錢有什麼用？賺得多、省得多，省下來的，全都留給我花，這才真的好用。如果他賺一百萬元，五十萬元付了房貸、水電、瓦斯，剩下五十萬元躺在戶頭。五十萬元不算少了，問題是他支支吾吾，拖拖拉拉，四十五萬省起來炒股，五萬轉你戶頭。清算起來，他的分紅比例是？

圖6.9 正新分紅比例

股利政策					單位：元
年度	現金股利	盈餘配股	公積配股	股票股利	合計
105	3.00	0.00	0.00	0.00	3.00
104	3.00	0.00	0.00	0.00	3.00
103	3.00	0.00	0.00	0.00	3.00
102	3.00	0.00	0.00	0.00	3.00
101	1.50	1.50	0.00	1.50	3.00
100	1.40	1.40	0.00	1.40	2.80
99	2.00	2.00	0.00	2.00	4.00
98	2.00	2.50	0.00	2.50	4.50
97	1.00	1.00	0.00	1.00	2.00
96	1.20	1.50	0.00	1.50	2.70

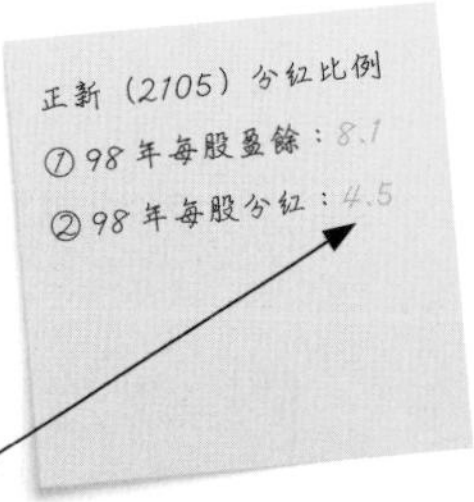

圖6.10 正新的分紅比例

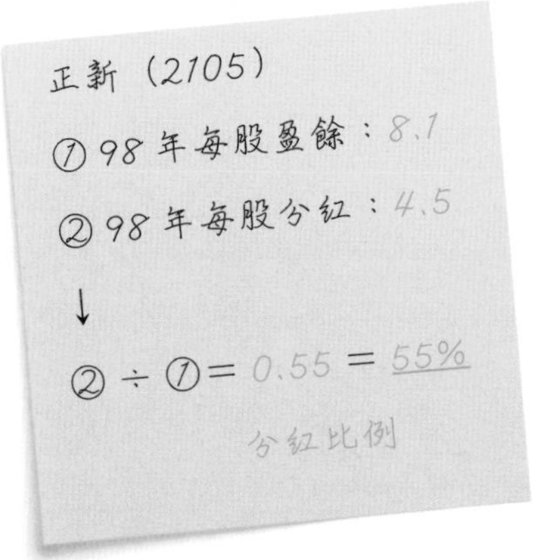

圖6.11　正新(2105)分紅比例			
民國	每股盈餘	分紅	比例
99	8.1	4.5	55%
98	2.4	2	82%
97	4.3	2.7	63%
96	1.6	1.45	90%

圖6.12　大統益(1232)分紅比例			
民國	每股盈餘	分紅	比例
98	3.7	2.4	65%
97	2.9	2.6	90%
96	3.2	2	63%
95	2.4	1.6	67%

男1：（一〇〇萬－五〇萬－四五萬）÷五〇萬＝〇．一＝一〇%

一〇%！剩五塊，給五毛，這錢是要怎麼用？

如果他賺一〇〇萬，五〇萬付了房貸，不煙不酒不炒股票不應酬，五〇萬通通轉給我用，這個狀態下，他的分紅比例是？

男2：（一〇〇萬－五〇萬）÷五〇萬＝一＝一〇〇%

看到沒有？感不感動？剩五塊給五塊，剩十塊給十塊。給我他的一切，那麼有誠意！那麼讓人感動！

仔細選呀！所托之人要耐操、會賺、很勇；還要會省、敢給、捨不得我窮。

選股如選人。

整理之後，我對正新（2105）、大統益（1233）怦然心動。（見圖6.11、6.12）

這兩個王子，是不是很會賺、很慷慨，又很帥氣？標準的賺錢機器。

接下來的劇情，高潮迭起。我飛回台灣，用保單質押，借出一筆現金，再投入省吃儉用的戶頭存款，準備再次進軍股市，讓愛意朝天熊熊燃起！

圖6.13　我在2009～2013的股市操作圖

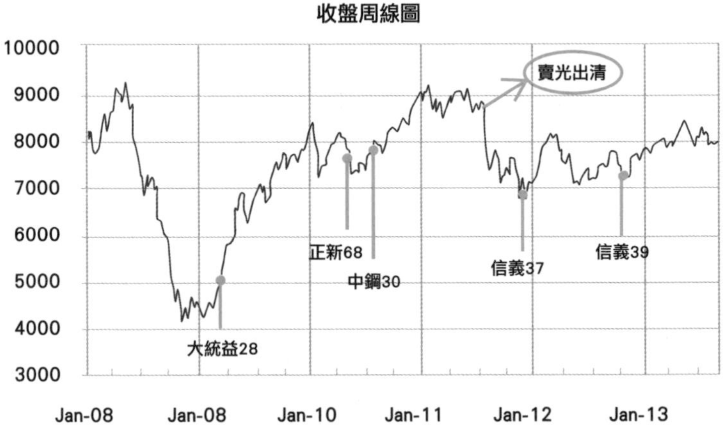

下單好比交往

圖6.13是二〇〇九年到二〇一三年期間，我的股市操作簡圖[2]。資金不多，標的很少，還在練習階段，但成績不錯。

實際數字如何，我已經記不清了。但頭一年，我的資本就膨脹二〇%；在第二年，膨脹二〇%；二〇一二年信義房屋這一波，整整膨脹六〇%。三年約莫掙了三百萬元，資本膨脹一倍。

選上「大統益」跟「正新」，前面提過，是因為他們賺錢效率高（ROE高），分紅大氣（分紅比例高而穩定），先下再說，先做再看，練習練習。

當個人沒有投資經驗、本錢不多，要花一兩

年先累積經驗和實力。剛開始，投入的金額不超過本金三〇%。有十萬元，可以買三萬元股票；有三十萬元，就買十萬元股票。選定一個標的，買進一兩張股票，每天盯著它們，觀察價格波動，好比吃瓜看戲。

股市像海，波浪永不止息。如果你能適應浪頭起伏、潮汐漲落、暗流漩渦，你就能扶舢觀海，心情淡定。這是一個必經的過程，不要一開始就企圖賺上大錢，梭哈籌碼。等過了幾年，經驗累積夠多、情緒也足夠抽離，再投入更多資金（五〇%或六〇%），才不會載著滿艙貨物，直奔滅頂。

整個過程裡，還要注意買進的資金比例。大盤點數愈高，持股比例愈低；大盤點數愈低，持股比例愈高。

這意味著，大盤破一萬點時，我手上的股票若有一百萬，我會賣掉七〇%（先賣

❷ 信義房屋（9940）買入時間，分佈在二〇一一年十一月至一月，同時加碼在二〇一二年十一月初。平均買入價格是三八．四六元左右。為求一目瞭然，買入時機只以一個紅點為標誌。第九章有信義房屋（9940）的買入細目，可查閱。類似的圖表都以紅點標誌，此紅點只是一個大略時間點，買入都是漸進式，呈散狀點。

ROE低、分紅低的股票），剩下三十萬元股票。

相反的，當大盤到六千點時，我手上的現金若有一百萬，我會買進七〇%（買ROE高、分紅高），剩下三十萬元現金。並且，隨時留有一〇%～三〇%的現金，以防突發事件（例如九一一、南亞大海嘯、大地震等），備留突襲。

總之，股市愈熱、大盤指數愈高，持股愈少；股市愈冷、大盤指數愈低，持股愈高。凡事「反著來」，就沒問題。

經驗是最值錢的東西。沒事重刷頁面，計算股票淨值，好比拿尺量蔥，何必？試著算出ROE，檢查分紅比例，感覺一下，哪支股票吸引自己。跟對方閒聊一下，約會幾次，收藏LINE的ID。千萬別隨意獻身，讓人看不起。

下單好比交往。沒強烈好感，沒打聽風評，沒考驗人品，沒確定清白（前科記錄）前，別隨意下單。再打聽打聽。交易是件嚴肅的事情，不可輕浮隨意。

「正新」的創辦人是羅結，羅結從彰化賣蜜餞的小販，做到千億營收的輪胎大王——不屈不撓，敢殺敢做，堅持到底，這種人白手起家，咬牙和著血吞，肯定可靠，不用懷疑。

「大統益」是大財閥（統一集團）的庶子。創辦人是高清愿，貧苦出身，兢兢業業，一路拚搏，家規嚴謹。

我探了家風，問了口碑，兩家公司的創辦人，都很誠信，都有人品。放手一搏，輸不到哪去。[3]會賺，敢給，家世清白，人品純潔，這才是值得長期投資的好股票。

這個時候，就直接獻身，火裡來水裡去。

---

[3] 話說回來，創辦人歸創辦人，接班人歸接班人。創辦人好，不代表接班人好。總之，要注意公司由誰掌權。當一家之主頑固、自大、盲目時，全家都會受苦。公司也是。掌權人不懂得辨識人才，組織會瀰漫挫折感，會走下坡。（語出H.H Sri Sri Ravi Shankar.）。投資股票，就是投資公司；好公司，一定要有好的掌權者。

第7章

長投與固資的威力：用家計簿的方式看懂財務報表

一間公司的「資產負債表」加上「損益表」，
就如同一個人的「財務體檢報告」。
只要「看得懂」財務項目、「辨得出」財務標準；
任何人都能從中判斷一間公司的財務體質是否健全。

圖7.1.1　個人的資產負債表與損益表示意圖

資產負債表（財產報告）	
資產	負債
1. 現金：10萬 2. 股票：100萬 3. 基金：50萬 4.汽車：40萬 5.房子：300萬	1. 卡債：10萬 2. 房貸：190萬 3. 其他負債
資產合計500萬	負債合計200萬
身價淨值：300萬	

損益表（收入報告）
1. 薪資收入：70萬 2. 投資收入：20萬 3. 版稅收入：10萬
稅前收入100萬
稅後收入：90萬

用家計簿的方式理解財務報表

故事看到這裡，可能不少讀者對股市投資仍有疑問：「啊？這麼容易？」其實一點也不容易，我在買進一支股票前，判斷標準除了前述提到的，一定會檢查「ROE」、「分紅比例」之外，還有兩個表格一定會看：「資產負債表」與「損益表」。

「資產負債表」好比個人的「財產報告」；「損益表」好比個人的「收入報告」：

在「資產負債表」裡，羅列股票、現金、基金、汽車、房子、房貸、信用卡卡債等，總結一個人的「財產身價」；在「損益表」裡，羅列薪水收入、投資收入、版稅收入等，總結一個人每月、每季的「收入項目」和「收入總數」。

圖7.1.2 公司財報主要看長期投資與固定資產

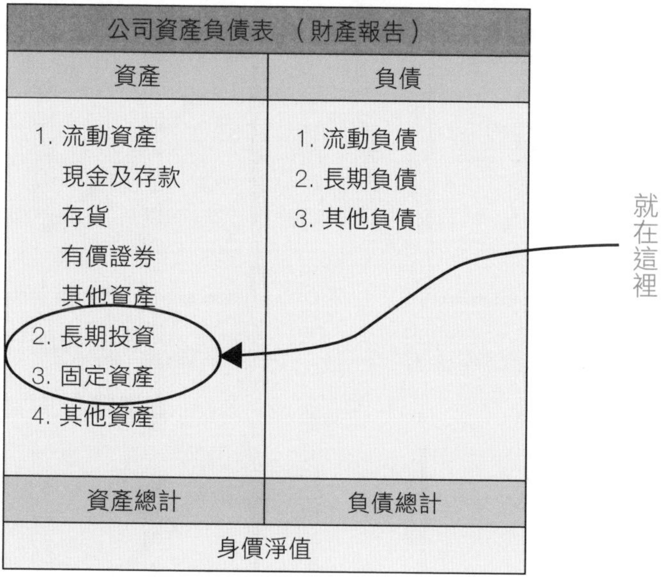

公司資產負債表　（財產報告）	
資產	負債
1. 流動資產 　現金及存款 　存貨 　有價證券 　其他資產 2. 長期投資 3. 固定資產 4. 其他資產	1. 流動負債 2. 長期負債 3. 其他負債
資產總計	負債總計
身價淨值	

就在這裡

透過一個人的「資產負債表」，能讓沒見過他、不認識他的人，掌握他的「財富狀態」——持有什麼股票、買進什麼保險、握著多少現金、欠下多少卡債、借了多少房貸。

透過一個人的「損益表」，能讓沒見過他、不認識他的人，掌握他的「收入狀態」——薪水賺多少？業外投資賺多少？總共賺多少？

「資產負債表」加上「損益表」，好比一個人資金的「體檢報告」。只要「看得懂」項目、「辨得出」標準，任何人都能透過「體檢報告」，判斷一個人健不健康？強不強壯？有沒有潛在的生病風險？同樣的，只要「看得懂」財務項目、「辨得出」財務標準；任何人也能從「財務體檢報告」，判斷一間公司的財務健不健康？強不強壯？有沒有潛在的財務風險？

但是，財務的健康的狀態是什麼？財務強壯的狀態是什麼？以人來想像，不難歸納為……

1. 一個財務健康、強壯的人，他擅於賺錢，也擅於花錢。
2. 一個財務健康、強壯的人，他能投資精準，善用債務。買進的股票、房地產，總能在數年內價值飆升。
3. 一個財務健康、強壯的人，他能讓投資的錢長大、利滾利，收入愈來愈高、身價愈來愈高。

公司也一樣……

1. 一個財務健康、強壯的公司，它擅於賺錢，也擅於花錢。
2. 一個財務健康、強壯的公司，它能投資精準，善用債務。
3. 一個財務健康、強壯的人，它能讓投資的錢長大、利滾利，利潤愈來愈高、身價愈來愈高。

總而言之，財務健康、強壯的人或公司，都精於投資、善用債務、以利滾利。

賺錢的效率

剛上初中時，有個小學教過我的女老師退休了，就在那一年，她先生突發奇想，花光老師的退休金，用兩百萬元買了兩台印金紙的大型印刷機，在家裡開了間金紙廠。

印刷機堆在客廳正中央，比電視櫃高出一大截。裝金紙的紙箱靠牆堆高，頂著天花板。

「哇，師丈，印好多了啊？」我問，用力深吸一口氣，空氣裡混雜著金箔、油墨和潤滑油的味道，「怎麼會想做這個生意？」

「這很賺啊，」師丈一臉睿智地答道，「菜市場裡，每個人初一、十五、逢年過節都需要用到金紙。」我沉默片刻，聽著印刷機啪嗒啪嗒，看著機器巨大的陰影，突然感到詭異。

四年後，師丈的金紙廠應聲倒閉。老師告訴我媽媽，那兩台機器花掉她全部的退休金，但印出來的金紙賣相不好，四年賣不到一百萬元，幾乎付不了工人的薪水，撐了四年，老師不願意再投錢進去，只能宣告倒閉。「兩百萬元哪，幾年就沒了，」她哽咽著說，聲音近乎啜泣。那兩台大型印刷機，扳倒了師丈的夢想，讓金紙事業成了夢幻泡影。這是我知道的第一個因為「投資機器失敗」，「全盤失敗」的例子。

菜市場的另一個故事，則全然不是這個結局。

我讀大一那年，菜市場裡迎來第一個清大畢業生——水餃攤阿蓮的大兒子阿清。他清大畢業，不在竹科當工程師，反而回菜市場賣水餃，成為一件「驚動武林」、「轟動萬教」的大歹誌。很多謠言揣測，阿清遇到感情創傷，因此回來治心病。

出於好奇，我去買了一次水餃，想看看感情受創的大學生，長一副什麼面皮。阿清白白淨淨，戴著金絲眼鏡，個子高瘦，看起來像隻白鷺鷥。我買了一包冷凍水餃，看他收錢、找零，除了說「謝謝」，臉上看不出憂鬱的樣子。我帶著失望，匆匆離去。

幾年以後，阿清做了一件大歹誌，他勸動阿蓮姐抵押房子，買了三台包餃子機器。「機器是我兒子設計的！」阿蓮姐說，眼角滿是盈盈笑意。

鄰居向我媽爆料，三台餃子機花了五百萬元，幾乎掏光了阿蓮的家底。每台機器都是阿清畫圖、設計、監工、訂製。阿蓮的餃子產量提升五倍，開始批發給別的菜市場，生意愈做愈大。一年後，阿清甚至開了一間公司，專門生產餃子機。

「高材生呢！多讀書，的確有出息。」爆料的鄰居邊說邊點頭，嘖嘖稱奇。

四年後，阿蓮姐不動聲色，接連買了兩個臨街店面，再次「驚動武林」、「轟動萬教」，引發熱議。

鄰居再度向我媽爆料，阿蓮靠三台包餃子機器、阿清轉投資的利潤金，原本投入的五百萬元，在四年翻了四倍，賺了兩千萬元！消息一出，所有人大吃一驚。這是我第一次瞭解到，因為「投資機器」跟「轉投資分公司」，而「大獲全勝」的例子。

這就是「投資機器」跟「轉投資分公司」的威力。一間會賺錢的企業，有眼光、有魄力，它所投入的資金、花錢買的機器、轉投資擴充的產能，能以極有效率地速度生產與經營，數年之後，賺回更多的錢與商譽；一間會賠錢的企業，亂投資、亂買機器、轉投資沒有獲利的子公司，數年之後，資本逐漸銷蝕，賺不回相對比例的利潤與商譽。這種運用資本的差距，就是阿清與師丈的差距。

師丈在四年內，賺一百萬，要花兩百五十萬，也就是說，他每賺一萬元，要花兩萬

圖7.2　金紙店與水餃攤的獲利相比

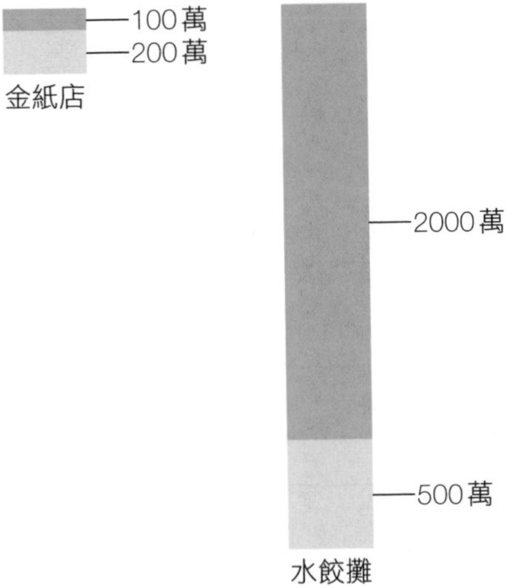

元：

二〇〇萬（買印刷機的錢）÷一〇〇萬（四年賺了多少錢）＝二萬

阿清在四年內，投入五百萬元，賺了兩千萬元，意思是，他每賺一萬元，只要花〇・二五萬元：

五〇〇萬（買餃子機的錢）÷二〇〇〇萬（四年賺了多少錢）＝〇・二五萬

兩萬元與〇・二五萬元，投入資本占盈餘的比例差了八倍！師丈每賺一萬元，要投入兩萬元；阿清要賺一萬元，只要投入〇・二五萬。

師丈的資金，就像一台吃兩公升汽油，才能跑一公里的老爺車；阿清的資金，像吃〇・二五公升的汽油，就能跑一公里的法拉利；兩人的耗油率，差了八倍！他們資本利用效率，差了八倍！

就像前面說的，「資產負債表」加上「損益表」，就像一個人資金的「體檢報告」。只要「看得懂」項目、「辨得出」標準，任何人都能透過「體檢報告」，判斷一個人健不健康？強不強壯？有沒有潛在的生病風險？

同樣的，只要「看得懂」財務項目、「辨得出」財務標準，任何人也能從「財務體檢報告」，判斷一間公司的財務健不健康？強不強壯？有沒有潛在的財務風險？

對股東來講，從「財務體檢報告」中，找出某一年、某段時期，很會投資機器、轉投資子公司的企業不是必要，也不是關鍵，因為一間公司可以幾年不買新機器、不買新設備、不轉投資，仍然以原有的資源與設備賺到大錢。

但對股東來講，從「財務體檢報告」找出某一年、某段時期，很不會投資機器、很不會轉投資的企業就很必要，也很關鍵，因為企業一旦買入機器、設備、新公司，開始運轉、生產後，幾年內，這些投入的資本完全無法回收。如果這幾年內，賺得太少，不夠付薪資、水電、租金，花不了多久，企業就會耗光資金，關門倒閉而持有企業的股東將非常危險。

看「資產負債表」與「損益表」，要懂得抓出「金紙廠」，避開風險。實際作法是：

1. 從「資產負債表」中，查出公司一段時期（四年間），花在投資機器、轉投資子公司的錢，比如買餃子機的錢、轉投資子公司的錢、買金紙印刷機的錢。
2. 從「損益表」中，查出這段時期（四年間），總共賺了多少錢。
3. 拿四年間花在機器設備轉投資的錢÷四年間總共賺了多少錢，得出的數字，如果大於二：比如師丈花了兩百萬（買印刷機的錢）只賺了一百萬（四年所賺的金額），他的投入資本為兩萬元，這就會被視為「紅燈」、「危險」。
4. 在報表上，看出這個數字，並避開這種股票，因為耗資本率太高，公司隨時會倒。

圖7.3 公司與個人的「資產負債表」跟「損益表」類比

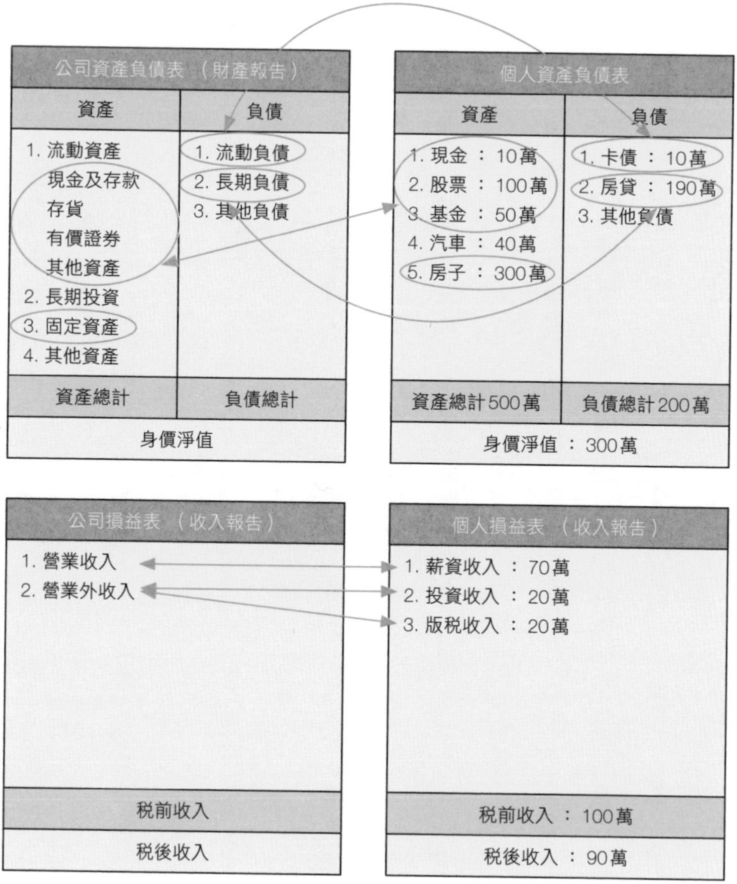

公司資產負債表（財產報告）	
資產	負債
1. 流動資產 　 現金及存款 　 存貨 　 有價證券 　 其他資產 2. 長期投資 3. 固定資產 4. 其他資產	1. 流動負債 2. 長期負債 3. 其他負債
資產總計	負債總計
身價淨值	

個人資產負債表	
資產	負債
1. 現金 ：10萬 2. 股票 ：100萬 3. 基金 ：50萬 4. 汽車 ：40萬 5. 房子 ：300萬	1. 卡債 ：10萬 2. 房貸 ：190萬 3. 其他負債
資產總計500萬	負債總計200萬
身價淨值 ：300萬	

公司損益表（收入報告）
1. 營業收入 2. 營業外收入
稅前收入
稅後收入

個人損益表（收入報告）
1. 薪資收入 ：70萬 2. 投資收入 ：20萬 3. 版稅收入 ：20萬
稅前收入 ：100萬
稅後收入 ：90萬

從長投與固資算出地雷股

公司的「資產負債表」跟「損益表」，與個人的「資產負債表」跟「損益表」有著類似的項目和意義：

猜猜看，阿清的餃子機與機器分公司，還有師丈的印刷機，列在「資產負債表」上時，歸類在哪裡？

資產負債表中，「長期投資」指的是海外工廠、子公司的股權，「固定資產」包括土地、機器、廠房、設備。因此阿清和師丈的成本會歸在「長期投資」和「固定資產」這兩個項目裡！而「固定資產」與「長期投資」加起來，才能顯示一間公司為了擴充產能而投入的總金額。

以台積電為例：台積電的「餃子機」和「印刷機」，就是資產負債表上的「長期投資」和「固定資產」。「長期投資」和「固定資產」記錄每間公司投資機器、擴充產能、購買土地的金額和細目。從圖7.4來看，二〇一六年，台積電投資機器、擴充產能的金額是：

26410.03＋997777.69＝1024187.7（百萬元）

圖7.4　台積電的資產負債表

年季	2016	2015	2014	2013	2012
流動資產	817,729.13	746,743.99	626,565.64	358,486.65	252,288.64
現金及約當現金	541,253.83	562,688.93	358,449.03	242,695.45	143,410.59
存貨	48,682.23	67,052.27	66,337.97	37,496.89	37,830.50
長期投資	26,410.03	10,901.75	1,800.54	60,867.55	65,786.34
固定資產	997,777.69	853,470.39	818,198.80	792,665.91	617,629.45
土地	--	--	--	--	1,527.12
累積折舊	--	--	--	--	-1,000,284.50
其他資產	1,908.31	1,859.48	1,558.08	3,988.61	8,470.61
資產總計	1,886,455.30	1,657,618.30	1,495,049.09	1,262,965.35	961,364.51
流動負債	318,239.27	212,228.59	201,013.63	189,777.93	142,436.94
應付帳款合計	26,062.35	18,575.29	21,878.93	14,670.26	14,490.43
長期負債	153,115.34	191,997.58	213,713.82	216,289.24	82,161.49
其他負債	24,908.38	30,626.37	33,793.56	9,212.72	4,683.47
負債總計	496,404.18	434,883.82	448,720.75	414,491.63	238,260.60
股本	259,303.80	259,303.80	259,296.62	259,286.17	269,244.36
股東權益	1,390,051.13	1,222,634.48	1,046,328.33	848,473.72	723,093.91
公告每股淨值	53.58	47.11	40.32	32.69	27.90

圖7.5　台積電2012年的長投與固資

年季	2012
流動資產	252,288.64
現金及約當現金	143,410.59
存貨	37,830.50
長期投資	65,786.34
固定資產	617,629.45

圖7.6　台積電2016年的長投與固資

年季	2016
流動資產	817,729.13
現金及約當現金	541,253.83
存貨	48,682.23
長期投資	26,410.03
固定資產	997,777.69

圖7.7　台積電2013-2016的長投與固資

年季	2016	2015	2014	2013	2012
流動資產	817,729.13	746,743.99	626,565.64	358,486.65	252,288.64
現金及約當現金	541,253.83	562,688.93	358,449.03	242,695.45	143,410.59
存貨	48,682.23	67,052.27	66,337.97	37,496.89	37,830.50
長期投資	26,410.03	10,901.75	1,800.54	60,867.55	65,786.34
固定資產	997,777.69	853,470.39	818,198.80	792,665.91	617,629.45
土地	--	--	--	--	1,527.12
累積折舊	--	--	--	--	-1,000,284.50
其他資產	1,908.31	1,859.48	1,558.08	3,988.61	8,470.61
資產總計	1,886,455.30	1,657,618.30	1,495,049.09	1,262,965.35	961,364.51
流動負債	318,239.27	212,228.59	201,013.63	189,777.93	142,436.94
應付帳款合計	26,062.35	18,575.29	21,878.93	14,670.26	14,490.43
長期負債	153,115.34	191,997.58	213,713.82	216,289.24	82,161.49
其他負債	24,908.38	30,626.37	33,793.56	9,212.72	4,683.47
負債總計	496,404.18	434,883.82	448,720.75	414,491.63	238,260.60
股本	259,303.80	259,303.80	259,296.62	259,286.17	269,244.36
股東權益	1,390,051.13	1,222,634.48	1,046,328.33	848,473.72	723,093.91
公告每股淨值	53.58	47.11	40.32	32.69	27.90

然而，四年前，亦即二〇一二年[1]，台積電投資機器、擴充產能的金額是：

65786.34 + 617529.45 = 683315.79（百萬元）。

從圖7.7的整張資產負債表來看，台積電從二〇一三年到二〇一六年之間，買進的機器、擴產的資本投入，總共增加了多少？

二〇一六年的長投和固資成本，減去二〇一二年的長投和固資成本，就是台積電這四年花在買機器的錢，也就是：

10241187.7 − 683315.79 = 340872（百萬元）

圖7.8　台積電2013-2016年的「損益表」

年季	2016	2015	2014	2013
營業收入淨額	947,938.34	843,497.37	762,806.46	597,024.20
營業成本	473,077.17	433,117.60	385,113.01	316,057.82
營業毛利	474,861.17	410,379.77	377,693.46	280,966.38
營業費用	96,904.78	88,466.50	80,849.57	71,563.23
營業利益	377,957.78	320,047.78	295,870.31	209,429.36
營業外收入	11,809.82	36,219.37	22,278.72	15,953.58
營業外支出	3,808.22	5,838.23	16,070.67	9,895.82
稅前純益	385,959.38	350,428.91	302,078.36	215,487.12
稅後純益	334,338.24	306,556.17	263,763.96	188,081.94
每股稅後盈餘(元)	12.89	11.82	10.18	7.26

哇……台積電這幾年花了真不少。我要算算看，台積電在二〇一三～二〇一六年的四年內，花了這些資本投資機器，總共賺回了多少錢？

這個數字，從圖7.8的「損益表」中，可以查看得清清楚楚二〇一三年～二〇一六年，台積電總共賺了：

188018.94＋263763.96＋306556.17＋334338.24＝1092676.3（百萬元）。

前述師丈的故事裡，他在四年內投入兩百萬元賺了一百萬元，意思是，他每賺一萬元，要花兩萬元。

❶二〇一六年往前推四年，不是二〇一三年，而是二〇一二年。也就是買入新機器、投入新資本擴產的前一年。

現在，台積電四年內，多會花錢、多會投資，也要從四年內買機器的錢，除以四年賺了多少錢算出來：

340872÷1092676.3＝0.31

二〇一三年～二〇一六年間，台積電每賺一萬元，要花〇．三一萬元！遠遠低於「金紙廠」的危險數字「二」。賺得快，有效率！安全！

再看基亞這間公司，狀況完全不是這麼回事。

從圖7.9來看，二〇一三年，基亞投資機器、擴充產能的金額是：

92.47＋570.28＝662.75（百萬元）

然而四年前❷，基亞投資機器、擴充產能的金額是：

142.98＋65＝207.98（百萬元）

我們可以算出來，基亞從二〇一〇年～二〇一三年之間，買進的機器、擴產的資本投入，總共增加了多少？

662.75－207.98＝454.77（百萬元）

哇，基亞那幾年投入得不算少。那麼我要回頭看看，基亞在二〇一〇年～二〇一三年的四年內，花了這些資本投資機器，總共賺回了多少錢？

這個數字，從圖7.11的「損益表」中，可以查看得清清楚楚：

二〇一〇年～二〇一三年，基亞總共賺了：

（-402）＋228.47＋（-204.67）＋（-122.44）＝-518.64百萬元。

負數！基亞這四年的投入，居然賠錢！

現在，基亞四年內，多會花錢、多會投資，也要從四年內買機器的錢四年賺了多少錢算出來：

454.77 －518.64＝？

❷ 二〇一三年往前推四年，不是二〇一〇年，而是二〇〇九年。也就是買入新機器、投入新資本擴產的前一年。

圖7.9 基亞2009～2013年間資產負債表

年季	2013	2012	2011	2010	2009
流動資產	2,183.44	1,606.38	778.28	493.02	300.61
現金及約當現金	1,050.64	599.07	498.32	183.80	116.34
存貨	14.20	26.61	41.44	38.56	12.87
長期投資	92.47	93.17	87.54	114.38	142.98
固定資產	570.28	179.79	87.73	78.30	65.00
土地	--	50.93	0.00	--	--
累積折舊	--	-23.98	-63.05	-60.61	-49.22
其他資產	28.82	174.86	108.40	63.50	43.82
資產總計	3,294.32	2,221.18	1,215.79	869.78	679.27
流動負債	210.91	141.45	293.81	52.90	75.83
應付帳款合計	0.28	0.14	4.50	2.98	2.52
長期負債	0.00	41.00	0.00	0.00	0.00
其他負債	8.06	3.97	4.99	8.98	6.43
負債總計	226.84	214.56	304.05	61.88	82.25
股本	1,366.86	1,286.74	1,106.69	965.01	803.13
股東權益	3.067.49	2,006.63	911.73	807.90	597.02
公告每股淨值	20.73	15.48	8.04	8.03	7.04

我們算不出來，但是知道當年投錢根本是倒賠！二〇一三年～二〇一六年間，台積電每賺一萬元，只要花〇．三一萬元！基亞連一萬元都賺不到，根本沒辦法算出每賺一萬元，需要花多少錢！基亞就是地雷，不能買的股票，股東持有了，準備慘賠。

果不其然，二〇一三年後，基亞愈賠愈多、愈做愈慘，從圖7.11一串恐怖的虧損數字就可以驗證。

這就是投資人該避開的股票，這就是師丈的金紙廠，這就是靠著「資產負債表」跟「損益表」，「隔空抓藥」、「隔山打牛」找出的下一個危機！

圖7.10 基亞2010~2013年的損益表

年季	2013	2012	2011	2010
營業收入淨額	72.98	111.15	113.71	70.51
營業成本	32.78	17.35	46.83	27.09
營業毛利	40.20	93.80	66.88	43.41
營業費用	631.11	481.75	328.87	168.46
營業利益	-590.91	-387.95	-261.98	-125.04
營業外收入	63.30	664.55	28.01	18.47
營業外支出	12.91	10.86	7.64	27.37
稅前純益	-540.51	265.31	-241.62	-133.94
稅後純益	-402.02	228.47	-204.67	-122.44
每股稅後盈餘(元)	-2.79	2.09	-2.09	-1.29

圖7.11 基亞2013年後的損益表

年季	2016	2015	2014	2013	2012	2011	2010
營業收入淨額	399.89	363.00	371.83	72.98	111.15	113.71	70.51
營業成本	293.31	271.76	270.48	32.78	17.35	46.83	27.09
營業毛利	106.59	91.24	101.35	40.20	93.80	66.88	43.41
營業費用	856.92	843.13	839.08	631.11	481.75	328.87	168.46
營業利益	-750.33	-751.88	-737.73	-590.91	-387.95	-261.98	-125.04
營業外收入	45.38	25.88	47.25	63.30	664.55	28.01	18.47
營業外支出	228.55	23.69	247.22	12.91	10.86	7.64	27.37
稅前純益	-933.51	-749.70	-937.70	-540.51	265.31	-241.62	-133.94
稅後純益	-892.64	-658.74	-767.70	-402.02	228.47	-204.67	-122.44
每股稅後盈餘(元)	-4.10	-3.90	-5.06	-2.79	2.09	-2.09	-1.29

第8章

資產從三百萬暴增至五千萬

那個在火災中出生的孩子已經十一歲了，
而我的理財歷程也過了十一年，
我從房子賺到了三千萬元，從股票賺到了一千萬元，
從儲蓄累積了一千萬元，資產攀升至今超過五千萬元。

迎接全新的資金風口

二〇一二年底，台股拉漲，我逐步賣出，手握著七〇%現金，躊躇滿志，無法練功。上海的兩套房產，經過二〇一〇年暴漲六〇%，二〇一一到二〇一三年蟄伏不動。房客汰換頻繁、鑰匙丟失、馬桶漏水……我疲於奔命，四處奔波。

握著股市賺到的三百萬元現金、兩套上海出租房產，我拔劍四顧，躁動不安，幾次暴漲式的逆襲，讓我急於求成，尋找出下一個「風口」[1]。

二〇一三年，中國股市開始「轉骨」，引進新的資本，奪取我的眼球：該年年初，中國官方新聞發布，證監會制定新規，台灣居民自四月一日起，可以買賣大陸股票。新聞報導，所有帳戶的投資範圍、管理權利，與中國投資者完全相同。

投資範圍、管理權利，完全相同？

我看著新聞裡的這幾句，吞了口水，腦中猛地閃過一段對話：

「你亂七八糟寫的什麼？」編輯說。

「照您說的改了啊，」我雙手蓋在膝頭、挺直背，像小學生似的滿臉通紅。這是我在上海出版的第一本小說，來回刪改已費時一年，這是第三次改動。老編輯全神貫注地盯著螢幕上的原稿，沉著臉，皺著眉頭。五分鐘滴答而過。

我們盯著螢幕。「啪嗒！」突然螢幕一閃，一張股票大盤K線圖跳了出來。

「哎呀，不好意思，」編輯說，「電腦設定好的，提醒我入手❷。」

「您也炒股？」我隔著鍵盤伸長了脖子，一起盯著這張K線圖。

編輯對著螢幕，再端詳一陣，「十幾年的老股民啦！」他說，瞇起了眼睛，「就這幾年買的少了。」他把螢幕轉向自己，扁了扁嘴。

十幾年的老股民啦。我模糊地回想當年那一幕，看著眼前「開放台灣居民買賣股票」的新聞報導，咀嚼著這兩句話，**這幾年買的少了**。

買的少了？

---

❶ 風口，指山坳、住宅的通風氣口。這裡風氣最大，一吹就起。後來被引用為「財富趨勢」的概念，最常見的例子是：「站在風口上，豬也能飛上天」。

❷ 入手，買進。

我向後靠，用手掌遮住雙眼。一瞬之間，電光火石，靈感乍現。

我突然領悟，自己正站在一個無敵、超級、颶風式的「資金大風口」。

二〇一三年，中國的儲蓄比例為世界第一高[3]，但也是這一年，中國人投資股市的資金比例為世界第一低。

這麼高的儲蓄率，投資比例卻這麼低。中國股市裡，滿是上海的老編輯——十幾年股齡、保持關注、買得不多。好比站在戲棚下嗑著瓜子的老戲迷，望著台上，意興闌珊。A股，從不缺錢，缺的是戲——一場熱熱鬧鬧、滿天撒花的好戲。

滬港通？開放港澳台投資A股？

官方喊著「世界投資A股，A股走向世界」，中國民間的資金、世界投機的資金，憑著這個新制度，從此能借道香港，投資A股。這口號可響，這鑼鼓可亮。我心底清楚，大戲開鑼，這些嗑瓜群眾還不簇擁而上，吆喝入場？

二〇一三年四月，我揣著台灣股市賺來的三百萬元現金，半個月內轉進大陸。加上一些本金和儲蓄，辦好證件、開戶委託，成為中國第一七〇五號台灣投資人，正式買進股票，成為A股股東。

用四個數字選股票

當時的中國股市一片死寂，乏人問津。自二〇〇七年十月斷崖式崩盤以來，A股指數徘徊在二七〇〇點上下，微幅震盪，成交量維持二十億，上下不動。

距離二〇〇八年痛苦的崩盤已經間隔五年，這五年裡，我學會看ROE、看資產負債表、看分紅率。撲捉滾打，上跳下竄，資金翻倍逆襲。

我不再純潔，不再無知，只剩警醒。這次出擊，我咬著牙，沉住氣。接下來的一個半月，我從A股第一間看到最後一間，將近兩千間上市公司，ROE都被我算過一遍。

A股市場裡，多的是ROE低於一〇％、分紅率低於一〇％、負債大於資產、獲利高高低低的爛股票，讓人洩氣。但體質好的、ROE高的、分紅穩定的，也如旱地拔蔥、金雞獨立——貴州茅台（600519）是最好的例子。

❸ 二〇一三年，中國儲蓄總額高達四・六兆美元。佔總GDP五一％。同期，美國儲蓄率只占總GDP一七％，差距高達三倍。

圖8.1　中國2007～2013年股市趨勢

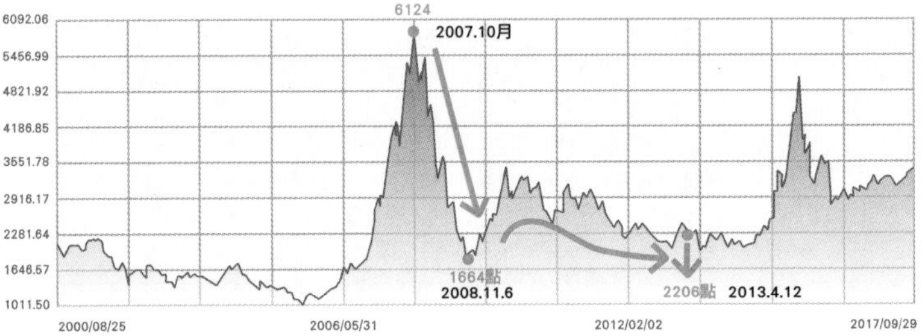

從圖8.2可以發現，貴州茅台多麼不容易，以每年三〇%的「加速度」賺著錢，多好的賺錢極品！

再從圖8.3檢查它四年內的「長投」與「固資」，對比四年的淨利潤，最後，算出茅台四年內的「投資成績單」：

$$\frac{(2012\text{年固資}+2012\text{年長投})-(2008\text{年固資}+2008\text{年長投})}{(09\text{年淨利}+10\text{年淨利}+11\text{年淨利}+12\text{年淨利})}=\text{得出}0.14$$

多麼了不起？二〇〇九年～二〇一二年間，貴州茅台每賺一萬元，只花〇．一四萬元！不錯！賺得快，有效率！很會做生意！

我愈看愈興奮，把資產減去負債，合計它的「股東權益」，如圖8.4。

一九七億、二五五億、三四九億、四四九億……身價直直高漲、每年跳上一個階梯。這小子有潛力！未來不知還有

圖8.2 貴州茅台2009~2012年的每股收益、淨值與ROE

	2009年	2010年	2011年	2012年
每股收益	4.57	4.87	8.44	12.82
每股淨資產	15.34	17.74	24.07	32.897
ROE	29%	27%	35%	39%

圖8.3 貴州茅台2009~2012年的「長投」與「固資」

	2009	2010	2011	2012
長投	400	400	400	400
固資	316873	419185	542601	680733
淨利潤	455289	533976	925032	1400850

（萬元／人民幣）

多好的日子！

我再翻看一陣，它的歷年利潤，如圖8.5。

為了預測我買進當年的（二〇一三年）貴州茅台能賺多少錢。我檢查已經披露的二〇一三年第一季淨利：三七．七三億。跟去年同期比較，上升二〇%（二〇一二年第一季淨利：三一．二九億）。因此，我假設二〇一三年全年的獲利，將同比去年淨利潤，上升二〇%為一六八億。

跟前面幾年擺在一起看，如圖8.6。

嘖嘖，這個賺錢速度，簡直背上了火箭桶，一路上竄，直直不停。還且不論，它穩健的現金分紅率，如圖8.7。

圖8.4　貴州茅台2009~2012年的「股東權益」

	2009	2010	2011	2012
總資產	197.7億	255.88億	349.01億	449.98億
總負債	51.18億	70.38億	94.81億	95.44億
股東權益	197.7億	255.88億	349.01億	449.98億

圖8.5　貴州茅台2009~2012年的淨利潤

	2009年	2010年	2011年	2012年
淨利潤	45.53億	53.4億	92.5億	140.09億

圖8.6　貴州茅台2013年的預估淨利潤

	2009年	2010年	2011年	2012年	2013年
淨利潤	45.53億	53.4億	92.5億	140.09億	168億（預估）

圖8.7　貴州茅台2013年的分紅率

	2009年	2010年	2011年	2012年
每股收益	4.57	4.87	8.44	12.82
每股分紅	1.156	1.185	2.3	3.997
分紅率	25%	24%	27%	31%

五年內從房產賺到八百萬

二〇一三年四月，買進股票之後，陸股不溫不火。我出清手上唯一留著的信義房屋股票，拿回八十萬元現金，黃鼠狼似的，挺背、迎風、聞嗅獵物，隨勢出擊。

二〇一二年到二〇一四年間，我頻繁往返兩岸。每回台灣一趟，大約停留十到十四天，坐著巴士、搭著火車，四處奔波。

別人的長假是帶著孩子到日本泡湯、到迪士尼看米老鼠、到澳洲抱無尾熊；我的長假是帶著五、六歲的孩子倆，踏著破磁磚、聞著臭馬桶、拍著霉灰家具、成交、握手。

我從未停止尋找C級房產。二〇一三年前後一、兩年，台灣郊區（宜蘭、蘇澳、台南永康、基隆）賣相不佳的房產，價格多在兩百萬元～兩百二十萬元台幣之間，租金大多落在八千五百元～一萬元之間，「現金回報率」超過一五%，外表歪瓜劣棗，我視如珍寶。

再忙再累，我一手夾娃、一手簽約。看中標的，我會拚了老命，十四天內完成交易，七天內找到租客，再飛回上海，遠端遙控。

時間與資金有限，這幾年來，千挑萬選，我只買了兩件。但這些年走過的路、看過的房、累積的經驗，讓我對房地產愈發敏銳，也觸發我在二〇一三年預見新區域的發展趨勢，先發制人、一擊中的。

火災以來，我沒買過自住房，一直租房子住。

隨著先生工作異動，七年裡搬了五次家：幾年住公司宿舍、幾年當大陸房東的租客……總之搬來搬去，隨處移動。

二〇一一年，我到上海徐涇，附近原是一片回族墓地。出了宿舍門，往左一拐，沿街掛著一隻隻破膛的乾羊，門燈套著羊頭，路面都是碎石、風沙滾滾、空氣裡混著一股腥氣。

這裡是上海破落郊區，原有一些舊別墅，年久失修、荒蕪雜亂，但距離虹橋機場、高鐵、鐵路中心，只有七分鐘不到的車程。

出於對房地產的敏感，我每到一個區域，就會探訪周圍房仲，了解新屋銷售價格、區域發展計畫，地毯式地搜集消息。自二〇一一年底搬進徐涇，我得到重要訊息：徐涇即將開發全世界最大的「展覽中心」，我居住的區域，即將輾平、重劃，打造成第三個「上海新市中心」。得到這個訊息，我束緊神經。

松江的兩套房子，房客一個換過一個，租金年年上調一〇%，漲勢可喜。如果馬上換房，我將面臨十五萬人民幣（七十萬台幣）的稅金。但聽到徐涇的未來規劃，我很清楚，稅金再重，也要把握情勢，即刻出擊。

二〇一二年開春，孩子熟悉新學校、家庭稍稍安頓，我開始地毯式地搜尋標的，幾乎每個週末跟著仲介四處看房子。

二〇一三年中，我找到一間地坪七十坪，有前後花園、挑高、老舊，屋齡超過二十年的老別墅，在未來新市中心的核心區域，前後有高速公路、周圍土地用罄、價格偏低（兩百九十萬人民幣）的別墅。

選中標的，我即刻賣掉松江房產，付出七十萬台幣的稅金，貸款換置徐涇別墅，毫不猶豫。

六個月內，我細心打理這套房子：刮除雜草、擺放盆栽、重新油漆、修葺圍籬。以周圍行情上升五〇%的價格，將這套房產以一萬兩千元人民幣（六萬台幣）租賃出去。到這個時候，我粗略估算，從兩岸房地產賺到的租金和漲幅，已突破七百萬元台幣，直奔八百萬元而去。

這段時間以來，大陸股票毫無動靜。我育兒、寫作、管理租賃房產，繼續寫著小說，耐住性子。每日刷刷盤面，提醒自己，要沉住氣。我萬萬沒有想到，幾個月後，會猛然撞上一場超級大牛市，開啟一段驚心動魄、跌宕起伏的A股戰役。

再次遭逢牛市

二〇一四年十月，A股成交量衝破銀河系。十一月十四日，量能突破七千億人民幣；二十八日，突破一兆人民幣，世界譁然，屏氣凝息。

二〇一四年十月到二〇一五年六月，A股「牛」成世界第一。短短七個月，A股從二三〇〇點直衝五六〇二點，群魔起舞、人聲鼎沸。我的四百萬元，短短七個半月，漲了兩百四十萬元，膨脹六〇%。但此刻，我屏氣凝息，毫無欣喜，睜大了眼睛，全然警醒：

牛市太快，走得太急，中國瘋狂的散戶，瘋狂的二〇〇七年，我記憶猶新。

回憶有如潮水，日日洶湧澎拜。我深知牛市的力量、也深知牛市的風險。但何時是

圖8.8 中國股市2014～2015年走勢

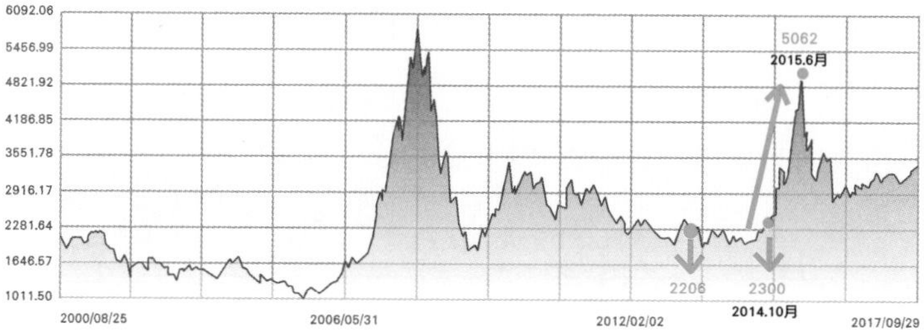

圖8.9 截至2015年6月我的持股漲幅

	貴州茅台	寧滬高速	福耀玻璃	大秦鐵路	中國神華	工商銀行
買進價	157.46	6.357	9.98	9.047	15.21	4.58
2015.6	272	9.96	17.19	13.81	19.8	5.32
漲幅	72%	56%	72%	52%	30%	16%

「頂」、何時該「退」？我左右思量、難以決絕。

二〇一四年底，中國住戶的存款餘額有五十兆（人民幣），而A股二〇一四年底的總市值，只有三十七兆。我當時想，這五十兆人民幣，若是一半入場（二十五兆），二〇一四年底的股票市值，該當膨脹六七％。

換算成簡單的乘數，二〇一四年底的三千點，乘以一．六七倍，得到的答案是五千點。

這是指五十兆的五〇％，投入股市的結果。但若是五十兆的七五％，放進股市？那麼結果會是六千點？

圖8.10　中國股市在2015年6～7月暴跌

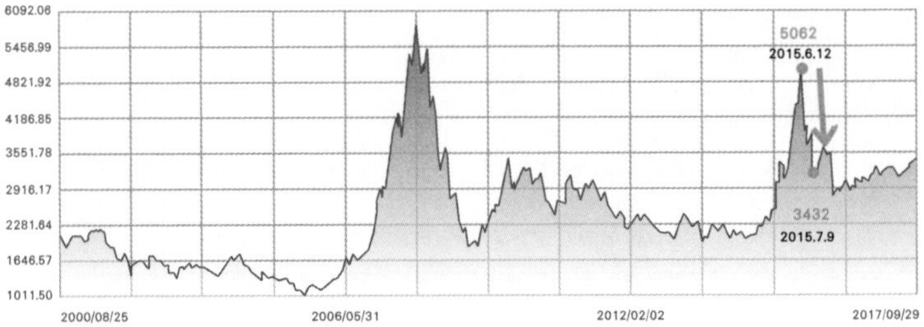

我樂觀地預測，六千點不是難事。我躊躇、猶豫，手握滿滿的股票，像鯨頭鸛咬著大鱷魚，腮幫子鼓得油亮亮的，呆站原地——再次直直迎來迅猛的暴跌，被嘴中的食物甩尾痛擊。

二〇一五年六月十五日，A股無預警雪崩式暴跌。牛市來得快，去得急。短短一個月，上海證券交易所綜合指暴跌三二％，如箭如矢。短短三十天，跌掉一個英國的GDP。

暴跌的A股，讓中國證監會手忙腳亂、荒腔走板——他們改變交易規則，大範圍停止交易。投資者噤若寒蟬、魂飛魄散，失去信心。一個月內，即使證監會護盤、喊話、減稅、恐嚇，所有資金仍摧枯拉朽，一瀉千里。A股神壇，一夕推平。

堅持兩年半的倉位，日日下跌；我盯著盤面，苦等反彈、徘徊猶豫、心力交瘁。再一次，我經歷了二〇〇八年的負荷感；再一次的，我呆站原地，讓熊市捲走利潤，直直滅頂。

壓力擊穿我的理智。二〇一五年七月，我突然失控，賣掉五分之四的股票❹。兩個星期後，又心慌意亂、忐忑不安、買回五分之二的股票❺。倉位大亂、生活大亂，身心焦慮，夜不能寐。

股市的證明

二〇一五年初，上海房地產開始一輪瘋狂漲幅，年中時，我手中的房地產已經再度上漲，直逼五百萬元台幣，但我心有旁騖，沒有關注。

我集中心神，要打這場股戰。戰士，不會選擇戰場；戰士，不會逃離戰場。我清楚，牛熊轉轍，一上一下，有如生死交替，如牛剝皮。十年間，我生一次、死一次；再生一次、再死一次，循環往復，心神俱裂，但我死過一次，不會再逃。

❹ 總資本的二分之一，約莫賣掉兩百萬。

❺ 總資本的四分之一，約莫一百萬。

當時，我重新整理自己的信念，思考兩個問題：第一，我到底相不相信ROE？第二，我到底相不相信股票，是這個世界上，最安全、最棒的投資工具？

我思考一天、一天、再一天，沉澱一整個星期，下了決心。我決定用幾百萬元本金，徹底檢視自己的投資原則——高ROE、高分紅、好公司、長期持有，賺大錢。我要用時間、用這場熊市去證明，股票投資確實是賺大錢的好工具。

我不知道結果，也不用知道。我要讓時間說話，讓結果說話，讓真理為信念打蠟。我要做，然後等，帶著虔信。

二〇一五年八月，我安住心神，重新佈局。留著原有倉位，再加碼其餘股票，重整比例，如圖8.11。

在這個階段，我的資金約莫三百萬元台幣，手握一百萬元台幣現金，隨時留有餘裕。時間，最終給了我答案，給了一個證明。

二〇一七年十一月止，我在陸股的成績斐然：貴州茅台，持有四年半，投資報酬率四八七%；福耀玻璃，持有四年半，投資報酬率一八六%；寧滬高速，持有四年半，報酬率七八%；即使表現最差的工商銀行，四年總報酬也達到五二%。我的年複合投報率高達

圖8.11 我在2015年8月調整的股票比例

	福耀玻璃	洋河股份	貴州茅台	格力電器	工商銀行	上汽集團	青島海爾	寧滬高速
持有成本	11.61	69	163.27	47	4.58	25	10.6	6.357
資金比例	25%	10%	25%	20%	5%	5%	5%	5%

圖8.12 截至2017年11月我的持股報酬率（含分紅）

	福耀玻璃	洋河股份	貴州茅台	格力電器	工商銀行	上汽集團	青島海爾	寧滬高速
持有成本	11.61	69	163.27	47	4.58	25	10.6	6.357
2017.11	25.49	101.5	517.64	37.9	6	30.19	15.09	9.81
報酬率	186%	53%	290%	82%	52%	33%	45%	78%

二八%，總投資收入，四年半，收穫四百萬元。再次，資本翻了一倍。

就在同年，我的資本坐上了噴射火箭：徐涇的那套別墅，因為區域發展成型、捷運拉通、會展中心落成，房價飆升，瘋狂暴漲。暴漲的幅度，遠遠超出我的預期，達到兩千三百萬元。

這些年來，我不出國、不買名牌包、不買自住房、不換車：年儲蓄率維持七〇%。埋頭做股票、埋頭寫書、一路不放棄、不喊累。最終，那個在火災中出生的孩子，已經十一歲了，而我的理財歷程也過了十一年。

截至二〇一七年為止，我從房子賺到了三千萬元，從股票賺到了超過一千萬元，從儲蓄累積了一千萬元。資產一路攀升，超過五千萬元。漫長的十一年，這是什麼樣的人生？什麼樣的轉折？讓我驚豔！

第 9 章

理財沒有僥倖，唯有看透大局

股市裡，永遠瀰漫著「變化」，
如果你只看到「變化」，你會怕、會感到「毫無掌控能力」；
如果你能照顧好你的信念，
那麼你就在不確定中，看到了「確定」。

股市變天就像倒會

故事到了這裡，就要結束了。

理財並不容易，我希望你撐到最後。

當你覺得撐不住了，就再「往前努力一點點」，然後倒下來，平攤在地板上，放鬆。

在最後的時刻，我想向你坦誠，最後一個祕訣，推論的祕訣，這是我獨有的技術，我不想留一手。

回到我的投資簡圖，請再看一遍——某個時刻，我引爆了內心的燃點——磅！電光火石、流燄四射。我毅然決然，切斷一切，割袍斷義，頭也不回。因為……

一則新聞，攪動了我內心的黑暗面：「全球股災昨蒸發二十九兆，歐債滅火台股免驚」，其中出現幾個句子，像是市場恐慌情緒蔓延、歐元區十七國財政部長召開九小時的馬拉松會議、缺乏具體辦法與時間表等，引爆我的內心燃點。

我轉轉眼珠，嗅到風頭正起，大浪來襲。我洞悉這事不會落幕，絕對纏綿狗血，風雨欲來，大浪滔天……這嗅覺，這敏銳，是我的「不傳之祕」，「不透之訣」。現在，全透露給你。

再強調一遍，我混菜市場，不是混假的。我住巷子口，八卦滿天。菜市場什麼八卦最多？「倒會的」八卦最多。以前媽媽跟我說，賣豆腐的阿義仔，倒過的「會腳」不知道連天邊了沒有。

媽媽也做過「會頭」。「會腳」都是厝邊頭尾，賣魚、賣菜、賣水果，阿姨、舅舅、叔公——可說是家族金融實業——基本算開個小額借貸所。

套句太宰治《人間失格》名言：「人，太可怕了。」媽媽的小額金融借貸所，時不時遭遇「惡性倒會」、「冒領逃逸」、「死拖賴皮」、「靠腰求情」……一齣接一齣，演不完的人間劇場，俠骨柔情。

劇情大致雷同，主角性情各異。

先是媽媽起個「會仔」，阿義仔頭一個月，立馬標走。隨後第二個月，開始拖拖拉拉，不交會款，人間蒸發，拒絕溝通。阿母義薄雲天，又是「會仔頭」，為了厝邊頭尾，臉色鐵青，捲捲衣袖，咬牙切齒，幫忙繳阿義仔的「死會仔錢」。

菜市場是講義氣的。到了這個節骨眼，厝邊頭尾，全村發動，開啟搜尋模式，追查行蹤。歷經數月，阿義仔被拉回小額金融借貸所（我家客廳），拷問、逼迫、咒罵，夾雜著三字經，眾人叫他回頭。

我當時才九歲，看著阿義仔雙膝跪地，右手指天，左手貼著褲腳縫，滿臉是淚，撥浪鼓似地搖著頭：「我會改，我會還，給我時間，不要逼死我。」

接著天搖地動，神女撒花，厝邊頭尾，頻頻搖頭。沒人敢扛，也不能讓阿母一人扛。所有「會仔腳」皺緊眉心，磋商善後，你出一點，我出一點，一場家庭倫理道德小劇場，無限地現在進行中。

我當時就看懂一切，我懂。這種帳，一無例外，皆是纏鬥。往往歷經數年，來往磋商，才能爛帳了清，**The End**，迎來「全劇終」。哼哼。主角性情各異，劇情大致雷同。歐債危機❶，就是「菜市場阿義仔的倒債危機」。什麼「馬拉松式會議」？什麼「缺少具體執行辦法和時間表」？因為，一切「勾勾纏」，一切「以愛為名」，「他．是．我．的．兄．弟」。

沒那麼簡單，沒那麼容易。斬完雞頭再跑廣東（跑路啦），坐地起誓再欠一頭，拖拖拉拉，歹戲拖棚。希臘的業障，跟阿義仔的業障，不會有太大不同。

當時的經建會主委劉憶如說：「絕對不用太恐慌，應該不會有什麼問題。」

真的嗎？「會仔腳」都倒會了，「會頭」心猿意馬，猶豫要不要一肩扛起。這等驚險，這等糾纏，怎會是「絕對不用太恐慌，應該不會有什麼問題。」

「人，太可怕了。」這等「倒會糾纏」，更是可怕。

不要小覷，逃命要緊。

股市逃命波

股市如什麼？如戰場！

聽到炮聲遠遠傳來，砰砰砰砰，你會幹嘛？

❶ 有關「歐債危機」一劇，可參考這個影片：https://www.youtube.com/watch?v = g9FaM3ixqHc。或進入youtube，鍵入關鍵字「歐債危機懶人包」。

你會「磅！」地四肢貼地，側耳，屏息，細微地呼吸，傾聽。

這個時刻，希臘倒債的新聞，有如菜市場的「倒會八卦」，沸沸揚揚，爆料不停：像是曾任雷根政府時期經濟顧問，哈佛大學經濟學教授費德斯坦向媒體表示，希臘終將會倒債；另一個媒體則寫這位教授猜測，歐銀將會讓步。

希臘衰尾不是一天兩天。二〇〇九年底，它才淚眼汪汪，垂頭喪氣，宣告欠了三千億。沒過多久，標普將希臘信用主權調到「BBB＋」，希臘仔信用崩壞，開始借高利貸，週轉現金。到二〇一一年七月，標普宣布希臘「選擇性違約」，這按白話翻譯，再用比喻澄清，希臘仔的處境好比里長向全村廣播，希臘仔要「一萬給三千」，「要還不還」，非常可疑，請村民各自小心。

這種情況，他捲捲鋪蓋，雙手一攤，裝死裝殘，是不是早晚的事情？

我憑菜場的回憶，警醒的的神經，在二〇一一年七月，面對股市，全然束緊。

七月初，我像鯨頭鸛呆立不動，看著螢幕，隱約感覺盤面微微晃動。一天天，隨著壞消息四處竄流，希臘在遙遠的地平線爆炸，一次次傳來餘波，遠遠擴散，發出微微嗡鳴。

我屏息，貼地，側耳，傾聽。

八月二日，台股下跌四十七點；八月三日，台股下跌二十一點；八月四日，台股開盤，下跌百點……百點？

「磅！」

我像聽到一顆手榴彈在近處爆炸，轟然巨響。我大吼一聲，倏地起身，迅疾轉身，瘋狂逃命。賣，我賣，往死裡面賣。掛單，我掛，往最低價掛。手起刀落，踩踩踏踏，砰砰磅磅——活著回來，不要戰死——我一邊下單，一邊浮現這句電影台詞。四十分鐘後，倉庫乾乾淨淨。我托著腮，看著螢幕，冷冷清清。

躲過六次資產貶值的陷阱

回頭去看，那確實是明快而正確的決定。

希臘危機，果然如「菜市場阿義仔的倒債危機」，「勾勾纏」，「四處牽拖」，「磋商角力」。

股市受不了這種神經質的小砲彈、小危機，台股一路狂瀉。我躲過三個月的下跌，保留八成獲利，而且在二〇一一年十一月底敲入信義房屋，二〇一二年第四季再度加碼，維持單股，再握兩年，三年兌現三百萬元，圓滿這場初體驗，摸摸肚皮。

一開始，我以為這只是運氣——我運氣好，在標普宣布希臘「選擇性債務違約」的時刻，恰巧看到一則新聞，恰巧勾起回憶，恰巧賣了股票，恰巧再買了信義。一切只是恰巧？是不是？你說天線寶寶就算跳恰恰，偶爾都能跟上拍子、踏對節奏，是不是？

但您有所不知啊。

二〇一一年底，我推論：信義房屋在二〇一三年六月之後，利潤會直線攀升❷。於是在二〇一一年十一月二十三日首次買入，二〇一三年一月和三月再度加碼，等待利多反應，如圖9.1～9.3。

二〇一三年四月，我推論大陸股市（A股）即將開放，逐漸轉上。我把台股幾乎全清，轉入陸股，成為A股第一七〇五號的台灣散戶。後來滬深股市，確實成為資本市場的新惡勢力。

圖9.4是二〇一四《今周刊》報導我的故事時，我所公布的持股名單❸，可以看到，陸股

圖9.1 我在2011年希臘金融危機時出清台灣持股

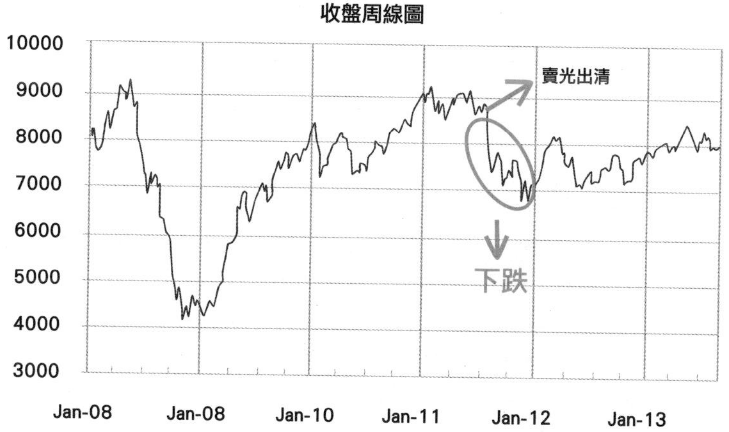

圖9.2 我在2011年11月買進信義房屋股票

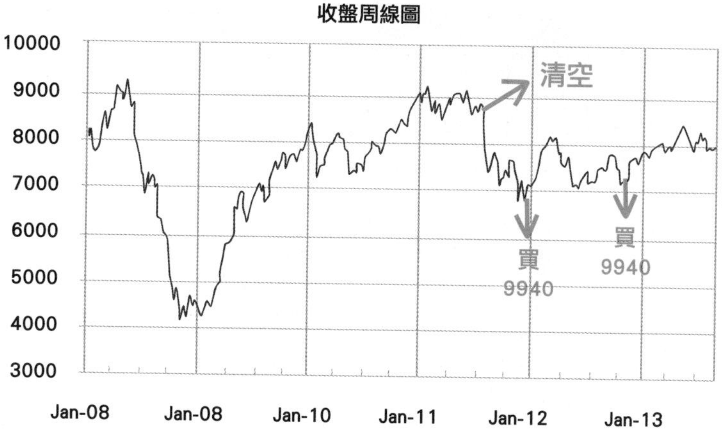

圖9.3 我買賣信義房屋股票的過程

日期	股數	成交價	價金	平續	持有成本	分紅
2011 1128	5000	37.3	186500	264	- 186764	
2011 1130	2000	37.56	75120	106	- 75226	
2011 1205	3000	38.48	115440	164	- 115604	
2011 1209	5000	38.5	102500	273	- 172773	
2011 1213	3000	37.84	113520	161	- 113681	
2011 1215	5000	36.86	184300	261	- 184561	
2011 1221	5000	37.82	189100	268	- 189768	
2011 1222	2000	37.27	74580	106	- 74686	
2012 0106	5000	39.4	197000	279	- 19979	
2012 0130	3000	39.89	119670	170	- 119840	
2012 0131	2000	40.03	80060	113	- 80173	
2012 1026	5000	38.96	194800	276	- 195076	
2012 1027	3000	38.58	115740	164	- 115904	
2012 1031	2000	39.04	78080	111	- 78191	
2012 1102	3000	39.25	117750	167	- 117917	
2012 1105	2000	39.14	78250	111	- 78391	

圖9.4 我在今周刊揭露的持股名單

信義房屋（9940）	26.0	8.9（含配股2.2元）	布局中國房仲市場積極，配息好，股價便宜	38.55元新台幣
貴州茅台（600519）	39.0	2.8	中國打貪政策導致中國中小白酒廠出現倒閉潮。有利大廠後市	157.46元人民幣
寧滬高速（600377）	13.4	6.3	中國車輛增長快速，高速公路使用更趨頻繁	6.05元人民幣
福耀玻璃（600660）	27.6	5.0	中國車輛增長快速，福耀的擋風玻璃業績後市看好	9.98元人民幣
中國神華（601088）	19.4	5.9	煤炭價格重挫走勢後，跌深反彈有利獲利提升	15.21元人民幣

已經是我的投資重心。

二〇一四年十一月，我推論「滬港通」即將改變A股生態，帶來全新變局。我認為，股市即將拉升，我們「躬逢其盛」[4]，好戲開始。

後來的幾個月，A股確實嗆到不行，如圖9.5。

我在這波，也賺了很多[5]，如圖9.6。

二〇一三年開戶，我就買入「福耀玻璃」[6]。二〇一五年就在網路論壇公開推薦，「福

---

❷ 二〇一一年六月，奢侈稅開徵。兩年後，二〇一三年六月，奢侈稅閉鎖期結束，交易會活絡。做佣金生意的信義房屋，大概率獲利會上揚。

❸《今周刊》九二六期，出版日為二〇一四年九月二十二日。請google關鍵字：「國文老師賺3000萬的投資告白」。當時我進入陸股已經接近一年了。

❹「躬逢其盛」，親身經歷某種「盛況」。股市「盛況」是什麼？當然是大漲。

❺ 幣值：人民幣。這是高點時的持股狀態，我當時滿得意。沒想到後來大跌，我又直挺挺地站著，呆頭鵝似地把七〇%的利潤吐了回去。是的，我再崩潰了一次。再被股市耍了一次，我承認，我不聰明。但是……我在低點，又把持股重新買過一次，排了新的攻擊陣勢。後來的發展嘛……曲曲折折，突襲共軍，再賺上一大筆。

❻ SHA: 600660。大陸A股上市公司，全名：「福耀玻璃工業集團股份有限公司」。創始人曹德旺，臉圓得像月亮。

圖9.5　「滬港通」改變了中國A股生態

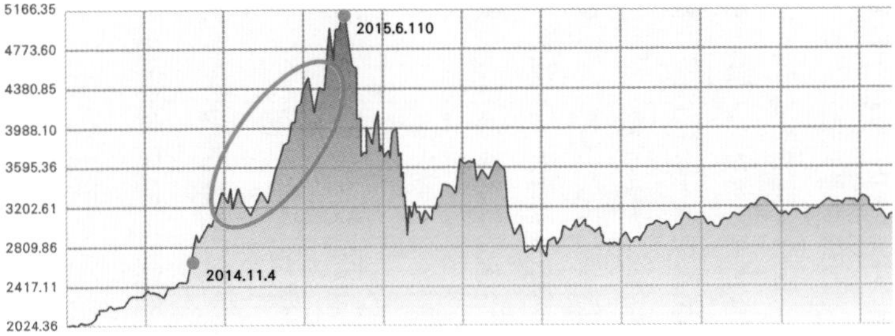

圖9.6　我在「滬港通」這波行情所買的股票

證券代碼	證券名稱	證券數量	可賣數量	當前價	最新市值	持倉價	浮動盈虧
600377	寧滬高速	13900	13900	10.200	141780.00	6.499	51443.90
600519	貴州茅臺	900	900	265.660	239094.00	163.271	92150.10
600660	福耀玻璃	19300	19300	17.640	340452.00	12.491	99375.70
601006	大秦鐵路	4800	4800	14.030	67344.00	9.047	23918.40
601088	中國神華	5000	5000	24.040	120200.00	16.123	39585.00
601398	工商銀行	17900	17900	5.620	100598.00	4.678	16861.80
601933	永輝超市	1000	1000	14.900	14900.00	14.880	20.00
000651	格力電器	1100	1100	62.980	69278.00	47.243	17310.70
000895	雙匯發展	2100	2100	26.680	56028.00	26.514	348.60
SZRQ88	國標準卷	11000	11000	1.000	11000.00	1.000	0.00

圖9.7　「福耀玻璃」漲幅近三倍

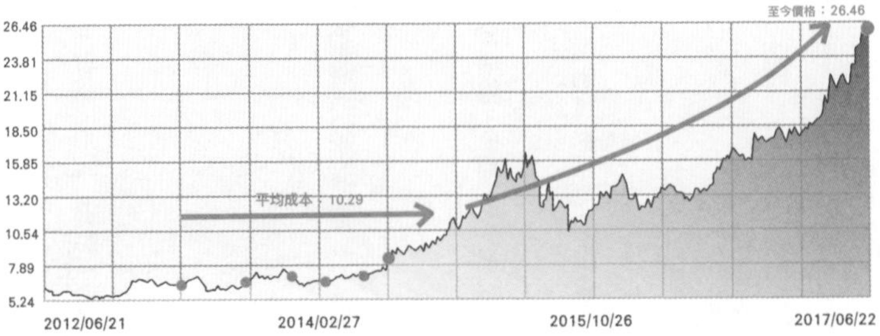

耀玻璃」還有很大「增長空間」。至今，「福耀玻璃」已經翻漲二．八倍，如圖9.7。

二〇一四年七月，我推論台灣房市即將長期下跌。二〇一四年先生職涯異動，我們遷回台灣。[7]我沒買房，直接租房。回頭來看，房市果然在二〇一四年碰到天花板，我躲過一次資產貶值的陷阱。

這七年，我對了六次，錯了兩次（誤判人民幣不會慘跌；誤判五千五百點的陸股還不到頂）。跟鯨頭鸛一樣，勝率六七％。[8]資本淨值？像坐火箭，一路竄升，直到天際。

二〇一七年止，我的淨資產已經衝破五千萬，介於五千萬到一億元。這樣的結果，能全賴運氣？

諸法是空，一切如露亦如電，如夢幻泡影。

「推論」，是我的不傳之祕。

忘了所有數字，忘了所有數據。推論，壓注（或退出），等待，讓「判斷」為你獲利。

---

[7] 我在二〇〇四～二〇一四年，長居大陸。

[8] 鯨頭鸛的攻擊勝率，根據統計，只有六〇％。

對趨勢觀察細微，對理財懷抱信念

如果有架直升機，直直撞上你家客廳，而你坐在沙發，看著《聯航九三》[9]這部電影。

接下來，你認為會發生什麼事情？

閉上眼睛，想像一下，機頭撞破，牆壁應聲而破，往內碎落。緊接一串劈裡啪啦的爆裂聲，電視「磅」地崩落在地板上，你啵地彈到空中，旋轉，暈眩；緊接著光芒一閃，隨著一股刺鼻的臭氧氣味，周圍爆炸，你尖叫起來……

你看到了沒有？

我知道你看到了。也許你看的跟我不一樣，但你會浮現一串連續的畫面，像播電影一樣。我想你會看見。

繼續。

如果有輛黑色的轎車，停在你家門口，沒有熄火，駕駛座空着。接下來，你認為會發生什麼？

閉上眼睛，想像一下……你有沒有覺得，眼前一片空白，沒什麼感覺了？不確定會看見什麼？

我也一樣。看不見什麼。

這就對了。

有的事件觸發的結果顯而易見：飛機撞進客廳，牆會破、玻璃會破、傢俱會倒、人會死：有的事件觸發的結果不明確：汽車發動、堵在門口、駕駛座空無一人……接著發生什麼？難以揣摩，是不是？

我做的，就是推論觸發結果顯而易見的事件，略過觸發結果不明確的事件。

如果一個核子反應爐爆炸了，輻射外洩，當場操作的人會不會死？附近空氣會不會受汙染？汙染會不會擴大？吸進汙染空氣的人們，會不會生病？

會？都會？會就點頭。

如果核一廠二號機因為下大雨，發電機跳脫，反應器急停。（想像有如電腦當機）接下

❾《聯航九三》（*United 93*），二〇〇六。好萊塢重現九一一事件的電影。

來會發生什麼事？你知道有人會去維修，因為那是他的工作，然後呢？還會發生什麼？

不知道？真不知道？那你就搖頭。

搖頭或點頭，就是「推論」了。你會「推論」的，你可以的。

「歐債危機」就是「倒會危機」，倒會危機會不會引發流言？會。流言會不會引發恐懼與猜測？會。恐懼與猜測會不會引發不安？會。不安會不會讓你想躲、想跑？會。

會恐慌、會猜測、會不安、會想跑。大家都跑，你幹嘛站著不跑？跑！快跑！

「滬港通」是把香港股市跟大陸股市開一個口，引一條河道，互相流通。一個池塘本來是死水，鑿開一個口子，引進一條長長的河道，活水汩汩不絕，池塘會發生什麼？會不會引進新的生物？會。會不會改變池塘生態？會。會不會提高池塘水位？會。

會新、會變、會漲，你為什麼不跟？跟啊！跳進池子裡，跟著冒泡！

台灣人是不是不結婚、薪資低、生得少？是。不結婚、薪資低、生得少，會不會謹慎一點，不買房，租房就好？會。台灣人口最多的一代，現在都幾歲了？五十幾歲了。五十幾歲的人，會想買房，還是賣房，準備養老？賣房，準備養老。

想買的人長期不買，不想買的人長期在賣。前面叫「需求」，後面叫「供給」。台灣房市，長期「需求低」而「供給高」。那麼，價格會「長期上漲」還是「長期下跌」？

跌。

跌會讓你賺錢還是賠錢？

賠。

賠錢你要嗎？

不要。

看到了嗎？這些事件——希臘倒債、滬港股市相通、台灣人口結構——所能觸發的結果都是顯而易見的。劇情一定會發生，一定會推進，就像飛機撞進客廳，你能揣摩接下來的劇情。你對揣摩出來的劇情，要保持信念，要有信心——它一定會發生，一定會推進。一個已經觸動的事件，一定合理地演進。

你要照顧這個信念，堅固這個信念，保護它，像盔甲一樣披上它，帶它殺敵。

我不要你受苦，不要你舉棋不定。

賓州大學心理學教授菲利普．泰特洛克（Philip Tetlock）說，專家，發展出一個強大的「技術錯覺」。專家，認為自己才能解讀數據、檢視報表、評估經理人表現、審查競爭對手，掂量企業價值……專家，才能預測未來，擁有洞見。菲利普．泰特洛克追蹤專家二十年，評估他們表現，得出殘忍結論——專家，沒有比任何人厲害，沒有比任何人準確。因為，這世界幾乎無法預測，這世界滿是變數，一推就倒，一變再變。

世界無法預測。受過良好訓練的專家們都無法做到，何況我們？

所以我們不做預測，只做推演。對「一個已經觸動的事件，進行合理地推演」。

在我有限經驗裡，這麼做，不會錯。這世界不會虧待你，你會賺到錢。

股市裡，永遠彌漫著「變化」。如果你只看到「變化」，你會怕、會煩、會脆弱，感到「毫無掌控能力」；如果你能照顧好你的信念，那麼你就在不確定中，看到了「確定」。

一旦你能在不確定中，看到「確定」，你會有信心，你會堅持，你的倉位不會崩壞，你的財富無法摧毀，你會成為一個戰士。一個徹徹底底，能戰能逃，能殺能剮的戰士。

一個戰士，在遭遇變化（比如長期看好陸股，它卻兩年不漲），在演變不如預期時，戰士會說：「啊！那沒什麼，最後總會發生，不用擔心。」

「啊！那沒什麼，最後總會發生，不用擔心。」

這就是每個人內建的戰鬥力。

結語

自從登上《今周刊》封面故事，成了理財達人，許多陌生人會來找我。

大部份是比我小幾歲的年輕人，怯怯懦懦，滿臉通紅。攀談幾句，他們眼神閃爍，嘴角下垂，神情混合著憤怒、嫉妒、崇拜、懷疑，還有讓我最敏感的表情——為什麼是我？那表情我很熟悉，不會認錯。

他們的問題，大致是這樣——哥哥有卡債，爸爸酗酒，媽媽賭博，家族生意失敗，背負大筆債務——他們想知道還掉負債之後，剩下的微薄資金，如何投資致富，脫離貧窮。

在那一刻，我欲言又止。看到有錢的小孩，我也想問：為什麼不是我？為什麼我要發生火災？為什麼我要還別人的卡債？他們的心情，我懂。我猶豫著該不該告訴他，攫取金錢的過程極度痛苦，我根本無法確定，他能不能撐過？半途而廢，只是打擊信心、徒增困惑。

我多想告訴他，不要憤怒，不要抵抗你的命運，接受它，然後奮鬥。糾結和憤怒，只會讓你軟弱。

我想跟他說，請不要放棄，不要放棄，讓自己得到更好的生活。

課堂上，一門「搶罐子遊戲」，正當紅。

導師帶著全班學生，集合在空地上，距離他們前方不遠處，放了五罐可樂。

老師告訴學生們：「這五罐可樂是給你們的，但只有五個人能喝到，哪五個人呢？就是最快跑到罐子前面，而且拿到可樂的人。」

「哦哦哦！」幾個學生起跑動作馬上擺出來了。

「等等，我沒說從這開始跑啊！」老師阻止他們。

「我會問十個問題，你符合敘述，就往前一步；不符合，就往後退一步。」老師接著解釋遊戲規則。

學生以為老師要考課文問答，紛紛屏氣凝神。

「你是獨生子嗎？是的，向前，不是的，向後。」這是老師的第一道題目。

「耶？好耶！」「蛤？」「為什麼？」學生吱吱喳喳，開始抱怨。

於是有人向前，有人向後，差距拉開了。

「你跟爸媽一起生活嗎？是的，向前，不是的，向後。」老師接著問下去。

於是又有人向前，又有人向後。差距拉開了。

「你的父母會陪你讀書嗎？會的，向前，不會的，向後。」

一題接著一題，每個人的起跑線不斷挪動。

「最後三題。從小到大，你的成績幾乎保持在班上前十名的，向前一步。」

狀況突然改變了，有些剛才一路後退的學生，像冰河般，開始緩緩向前移動。

「除了教科書，你有保持閱讀課外書籍的習慣，請向前一步。」

嘩，冰河又緩緩向前移動一點。

「你對未來非常明確要念什麼科系，請向前一步。」這是最後一道題目了。

學生的起跑線就此確定，只是，有的前，有的後。

「好了，我們比賽準備開始，當我數到三，你們就向前衝，先跑到而且拿到可樂的，可樂就歸你。」老師正式宣布比賽規則。

一、二、三，開始！

有的人衝很快，一下子就衝到終點；有的人明顯落後，卻也努力追趕，沒有放棄；也有一些人，顯然放棄比賽了，站在原地。

比賽在一瞬間結束了，五個優勝者開心的舉起了戰利品。老師聚集大家，讓學生圍過來，分享自己的感受。

「大家覺得這場遊戲公平嗎？」老師問。

「不公平！」沒搶到飲料的學生喊得特別大聲。

老師說：「沒錯，各位，但這就是真實人生啊！」❶學生沉默了。

是的，沒錯，這就是真實人生啊！

人，有不同的起點、不同的能力、不同的背景。我們無法改變出身，但能改變命運。只有靠著「閱讀」、靠著「自修」、靠著「學習」，人能緩慢地、逐漸地改變自己的起點，

❶故事出自歐陽立中老師，丹鳳高中。

過得更好、更豐裕。這個過程也許非常緩慢，但要保持耐心，不要暴躁、不要自暴自棄。

在這個世界上，所有能超越家庭、血緣、環境，掙脫命運對他的束縛的人，叫做英雄。

做自己的英雄，走自己的路。你不是一個人，我在這裡，你不寂寞。

特別收錄

網友理財故事問答集

問題一：十方姐，我已經四十歲了，結婚三年，也買了房子，目前還在繳房貸。我每個月的收入光是生活費與房貸就幾乎用光，存不了什麼錢，戶頭也沒有存款，根本無財可理，這樣的我還能做什麼？

十方：在沒有財可理的時候，不要關注結果，關注你的行動。即使醫生也需要一段時間，才能熟練一套手術流程；7-11的店員也是需要一段時間，才能熟練地操作收銀機。你要行動，關注你的動作，練習你的動作，讓一切「走過」。有五千元，就買五千元的股票；有五萬元，就買五萬塊的股票。開始去買，學著去賣，熟練一套買賣的流程，不要盯著「結果」——五萬元賺一〇%只有五千元，我翻不了身，當不了大富翁，一輩子無法退休。只有這樣，你才會得到信心。先做就對了。

問題二：請教投資的第一個步驟，應該怎麼開始？

十方：你可以這麼開始：

1. 走進任何一間銀行，說你要買股票，開股票戶頭。
2. 跟著行員指令，到交易所（或證券行），簽名，開證券戶頭。
3. 往證券戶頭注入資金，三萬元就夠。
4. 告訴交易員，你馬上要下單，叫他教你怎麼做。
5. 下載這間證券商的APP，巴著行員，叫他教你操作。
6. 滑手機，下單，花兩萬五千元買一張股票——例如南帝（2108）❶。
7. 每天盯著這支股票，注意它的漲跌，熟悉它的新聞與資料，但不要賣掉。
8. 經過半年，你會從這支股票中學到很多。

❶ 投資有風險，我只是要你找個還可以的練習對象，練習一下即可。不是明牌阿。我的明牌都在對岸。

9. 當你學到很多，你對股市的敏銳度會整體提升，一旦機會來的時候，你會把握住，你會有自信，並取得一次小小的成功。

10. 小小的成功讓你擁有掌控力，讓你感到開心，你會做對更多事情，錢會流向你，讓你當上大富翁。

問題三：不用教我們怎麼投資，直接給明牌不是比較快嗎？

十方：股市是「申論題」，你非要答成「簡答題」？「申論」答成「簡答」會發生什麼事情？死當。聽我的話，去查ROE，去查分紅比例。掌握每一支股票的習性，參與到戰鬥中，不要躲溝裡。記住，溝也不安全滴。砲彈依然會拐着彎，沿著拋物線，遠遠擊中你。碰咯！完畢。

問題四：有沒有不賠錢的、保本的，絕不會虧的投資？我一跌就想放棄。

十方：在心理學上，這叫「損失規避」，又稱「聚焦過度」，屬於股市投資人常見的徵狀。你只注意「股票會跌」，忘了股票「會漲」，但股票從來都會漲會跌，無法停止不動。股市是浪潮，而浪潮從不止息。不要有這種期望，它會害死你。投入浪潮，學著衝浪，駕馭舢板，尖叫狂放，一旦習慣波動，你將無所畏懼。

問題五：我跟女朋友要結婚了。我有一點存款，但是不多，很怕買錯房子。我看中的區域沒有星巴克，也沒有麥當勞，我該怎麼選？買什麼樣的房子呢？

十方：以下是我的買房筆記，請記下來，對你會很實用：

1. 景氣不佳時才出手，不到景氣谷底，切記租房就行。
2. 如何判斷景氣佳或不佳？這問題很複雜，我先給你一條線索——去看股市。不要在台股萬點的時候買房，你會買貴，而且很難殺價。

3. 去除景氣因素，非要在台灣買房的話，建議先勘探區域，租住在打算買房的區域，熟悉附近環境。

4. 關注「有工作機會」、「新工廠移入」、「新規劃區域」的地方，在靠近工作機會的場所（比如蘇澳利澤工業區），熟悉這塊區域。切記，不要去找已經成熟發展的區域（比如新竹科學園區附近），去找沒人注意的潛力區。

5. 選定區域之後，找出「問題」房產——對外道路狹窄、外觀破爛、雜草叢生、地板剝落、漏水、發霉……好好觀察這間沒人看得上眼的破房子。

6. 計算這個公式：

租金一整年收入÷頭期款＝X%

你的答案X必須落在一〇%～二〇%之間，這個房子才有投資的價值。

7. 這種房產非常難找，不要洩氣，持續去找。

8. 如何挑選房屋的問題非常複雜，需要一整本書才講得完。請鼓勵親朋好友買我的書，這樣我才能寫下一本，將祕訣透露給你。

問題六：我想找人開始學理財，但是該怎麼找到適合我的老師呢？

十方：恭喜你，你已經踏出理財的第一步了：你想尋求協助，並有勇氣找個好老師去學習。這是正確的，我們還很迷惘、脆弱，需要老師的協助，讓你在理智上、情感上，都有依託。股市會時時擊潰你。你會走投無路，陷入混亂，你需要指引，而且需要有人幫你承擔，帶你成長。

凡是當老師的人都是「勇者」，他們具備穩定的人格、堅強的靈魂、開闊的眼界，穩定，而無困惑。你當去觀察，你想追隨的老師是否平靜，是否如如不動。他如果容易混亂，容易低沉，容易興奮，容易焦慮。那麼，他無法帶領你。一個堅強而穩定的人，不會渴求快速的成功。他會擁有知識的火焰，創造敏銳平靜的震波。你要辨別你的老師，同時選擇你的老師。然後不要懷疑，全然臣服，全然相信，去看，去做。

帶著這種狀態，你將衝破重重障礙，得到知識之火。

問題七：我在家操盤兩三年了，坦白講，成績一點也不好，有賺有賠，我覺得自己很失敗，很糟糕，浪費很多時間。

十方：人們喜歡問：「我要學多久，才能學會呢？」這是沒有時間限制的，這件事，「時間」會處理，不是你處理。你的工作是把窗戶打開，而「時間」會把陽光帶進來。我們要努力並且期待。如果你拉上窗簾，即使太陽升起，你還是會留在黑暗裡。[2]

---

[2] H.H.Sri Sri Ravi Shankar，“Bhagawad Gita”，（Taipei: Art of Living International Company），p116.

我的理財筆記

HEART
心|視野 心視野系列025

我用菜市場理財法，從月光族變富媽媽：
運用菜市場大媽都懂的常識法則，掌握投資竅門，國文老師身家暴漲五千萬

作　　者	李雅雯（十方）
總 編 輯	何玉美
責任編輯	李曉妤
圖片提供	李雅雯（十方）
插　　圖	ben sun
封面設計	Copy
內文排版	林淑慧
出版發行	采實文化事業股份有限公司
行銷企劃	陳佩宜・黃于庭・馮羿勳・蔡雨庭
業務發行	張世明・林踏欣・林坤蓉・王貞玉
國際版權	王俐雯・林冠妤
印務採購	曾玉霞
會計行政	王雅蕙・李韶婉
法律顧問	第一國際法律事務所　余淑杏律師
電子信箱	acme@acmebook.com.tw
采實官網	www.acmebook.com.tw
采實粉絲團	www.facebook.com/acmebook01
ISBN	978-986-9124-06-5
定　　價	320元
初版一刷	2018年1月
初版七刷	2019年8月
劃撥帳號	50148859
劃撥戶名	采實文化事業股份有限公司
	104台北市中山區南京東路二段95號9樓
	電話：(02)2511-9798
	傳真：(02)2571-3298

國家圖書館出版品預行編目資料

我用菜市場理財法，從月光族變富媽媽 / 李雅雯作 ; -- 初版 . -- 臺北市 : 采實文化 , 2018.01

面； 公分

ISBN 978-986-9124-06-5(平裝)

1. 理財 2. 投資

563　　106014979

采實出版集團
ACME PUBLISHING GROUP

廣	告	回	信
台北郵局登記證			
台北廣字第03720號			
免	貼	郵	票

采實文化 ACME PUBLISHING 采實文化事業有限公司

104台北市中山區建國北路二段92號9樓

采實文化讀者服務部　收

讀者服務專線：02-2518-5198

運用菜市場大媽都懂的常識法則，
掌握投資竅門，國文老師身家暴漲五千萬！

我用菜市場理財法，從月光族變富媽媽

李雅雯（十方）——著

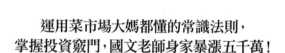

心視野系列專用回函

HEART
心|視野
025

我用菜市場理財法，從月光族變富媽媽

讀者資料（本資料只供出版社內部建檔及寄送必要書訊使用）：

1. 姓名：____________________
2. 性別：□男　□女
3. 出生年月日：民國 ______ 年 ______ 月 ______ 日（年齡： ______ 歲）
4. 教育程度：□大學以上　□大學　□專科　□高中（職）　□國中　□國小以下（含國小）
5. 聯絡地址：____
6. 聯絡電話：____
7. 電子郵件信箱：____
8. 是否願意收到出版物相關資料：□願意　□不願意

購書資訊：

1. 您在哪裡購買本書？□金石堂（含金石堂網路書店）　□誠品　□何嘉仁　□博客來
□墊腳石　□其他：____________________（請寫書店名稱）
2. 購買本書日期是？
3. 您從哪裡得到這本書的相關訊息？□報紙廣告　□雜誌　□電視　□廣播　□親朋好友告知
□逛書店看到　□別人送的　□網路上看到
4. 什麼原因讓你購買本書？□喜歡料理　□注重健康　□被書名吸引才買的　□封面吸引人
□內容好，想買回去做做看　□其他：________________________________（請寫原因）
5. 看過書以後，您覺得本書的內容：□很好　□普通　□差強人意　□應再加強　□不夠充實
□很差　□令人失望
6. 對這本書的整體包裝設計，您覺得：□都很好　□封面吸引人，但內頁編排有待加強
□封面不夠吸引人，內頁編排很棒　□封面和內頁編排都有待加強　□封面和內頁編排都很差

寫下您對本書及出版社的建議：

1. 您最喜歡本書的特點：□圖片精美　□實用簡單　□包裝設計　□內容充實
2. 關於點心料理的訊息與知識，您還想知道哪些？

____

____

3. 您對書中所傳達的步驟示範，有沒有不清楚的地方？

____

____

4. 未來，您還希望我們出版哪一方面的書籍？

____

____